D0959366

VOCABULARY BUILDER

FRENCH

Mastering the Most Common French Words and Phrases

by
Muriel von Dungern

BARRON'S

This symbol  marks practical tips that make learning fast and easy

© Copyright 1999 by Ernst Klett Verlag GmbH, Stuttgart, Federal Republic of Germany. English-language edition © Copyright 2001 by Barron's Educational Series, Inc.

All rights reserved. No part of this book may be reproduced in any form, by photostat, microfilm, xerography, or any other means, or incorporated into any information retrieval system, electronic or mechanical, without the written permission of the copyright owner.

All inquiries should be addressed to:
Barron's Educational Series, Inc.
250 Wireless Boulevard
Hauppauge, NY 11788
http://www.barronseduc.com

International Standard Book Number 0-7641-1821-8

Library of Congress Catalog Card Number 2001086130

Printed in the United States of America
9 8 7 6 5 4 3 2

Table of Contents

Chapter 1

Elargissez votre vocabulaire
Expand Your Vocabulary

1. Words are important.

In French, as in English, there's no way to get along without words. Therefore, a large vocabulary is important and indispensable.

2. Keep a vocabulary notebook.

Write down the new words and phrases that you want to learn. Organize your vocabulary notebook so that you can find the entries quickly. List them in alphabetical order, arrange them by topic, or create vocabulary charts.

3. Following a study schedule will save you time and effort.

The best way to get good results is to follow a regular study schedule: It's better to study ten minutes every day than an hour once a week. You can seldom find that large an amount of time, and you can't easily learn a large number of words in a single session.

4. Persistence pays.

You'll make quick progress if you expand your vocabulary on your own – at home, on the bus, in bed, wherever you are! If you learn a total of ten new words a day and practice them, within a year you'll have acquired a solid basic vocabulary.

5. This chapter is important.

Work your way through this chapter first. It contains valuable suggestions to make learning easier.

1.1 Comment utiliser ce livre

How to Use This Book

1. It's important to work through this entire chapter first, so that you become familiar with the methods used in this book!
2. After working your way through Chapter 1, you can choose exercises from any of the book's other chapters – just suit yourself, and follow whatever order you like.
3. At the end of the book are five tests that you can use to measure your progress. Taking the tests is another way to strengthen your command of French!
4. To get the best results from this book, you need a vocabulary notebook of your own. Use the notebook every day, if possible, to enter words and phrases that seem important to you.

1.2 Quelques mots importants

Some Important Words

The grammatical terms in the column on the left are essential when you're learning a foreign language. Don't worry; the French expressions are not so different from their English equivalents.

You'll come across the words on the left again and again. Match them with the words in boldface in the column on the right. Write your answers in the boxes below.

1. verbe
2. nom
3. adjectif
4. article défini
5. article indéfini
6. adverbe
7. préposition
8. pronom personnel
9. négation

a. A Paris, Michel prend souvent **le** métro.
b. Notre magasin **n'**accepte **pas** les chèques.
c. Vous **avez choisi** un dessert ?
d. Elle aime **vraiment** les voyages.
e. Nous les voyons la **semaine** prochaine.
f. Je voudrais un billet **pour** Nice, s.v.p. !
g. Cet hiver a été très **dur**.
h. **Tu** achètes du vin blanc ?
i. **Un** café et deux croissants pour la dame !

1.	C	2.		3.		4.	A	5.	I	6.	D	7.	F	8.	H	9.	B

1.3 **Comment utiliser un dictionnaire**

How to Use a Dictionary

A word can have a variety of meanings or appear in different idiomatic expressions.
Dictionaries usually list several meanings and locutions.

---

faire [fɛʀ] *irr* **1.** *vt* to make, to do; (*fabriquer*) to manufacture; (*AGR: produire*) to produce; (*discours*) to make a speech; (*former, constituer*) to be, to form; **2.** *vb substitut*: **ne le casse pas comme je l'ai fait** don't break it the way I did; **3.** *vb impers*: **il fait jour/froid** it's daylight/cold; **ça fait 2 ans/heures que** it's been 2 years/hours since; **4.** *vpr*: **se ~** (*fromage, vin*) to ripen, to mature; **se ~ á qch** (*s'habituer*) to get used to s.th.; **se ~ des amis** to make friends for oneself; **se ~ ~ une robe** to have a dress made for oneself; **se ~ vieux** to be getting old; **il se fait tard** it's getting late; **cela se fait beaucoup/ne se fait pas** that often happens/is not done; **comment se fait-il que** how does it happen that; **ne t'en fais pas** don't worry about it; **~ chauffer de l'eau** to put on water to heat; **~ démarrer un moteur** to start an engine; **~ des dégâts** to do damage; **~ du diabète** (*fam*) to be diabetic, to have diabetes; **~ du ski/rugby** to ski/play rugby; **~ du violon/piano** to play the violin/piano; **~ la cuisine** to cook; **~ le malade/l'ignorant** to sham illness/affect ignorance;

~ réparer/verifier qch to repair/inspect s.th.; **~ vieux/démodé** to look old/old-fashioned; **fait à la main** handmade; **cela ne me fait rien** that is nothing to me; **cela ne fait rien** that makes no difference; **je vous le fais 10 F** (*fam*) I'll give it to you for 10 F; **qu'allons-nous ~ dans ce cas?** what shall we do in that case?; **que faire?** what is to be done?; **2 et 2 font 4** 2 plus 2 is 4; **9 divisé par 3 fait 3** 9 divided by 3 is 3; **n'avoir que ~ de qch** to be in no way interested in s.th.; **faites!** come on!; **il ne fait que critiquer** he does nothing but criticize; **cela fait tomber la fièvre/dormir** that brings the fever down/makes you sleep; **cela a fait tomber le tableau/trembler le murs** that made the picture fall/the walls tremble; **il m'a fait ouvrir la porte** he made me open the door; **il m'a fait traverser la rue** he helped me cross the street; **je vais me ~ punir/gronder** I'm going to be punished/scolded; **il va se ~ tuer/renverser** he's going to be killed/run over yet.

---

a) Take your time and read the entry through carefully. Then translate the following sentences into English.

1. Cela se fait beaucoup. _____

2. Il va se faire renverser. _____

3. Combien font cinq et deux? _____

b) Translate these sentences into French.

1. It is very cold. _____

2. That makes no difference. _____

3. She skis. _____

1.4 Expressions idiomatiques
Idiomatic Expressions

If you want to express yourself idiomatically in French, then you always need to learn words in connection with their partners.

a) Match the words in the left-hand column with those on the right. Use each word only once. Write the words together in the space provided.

1. bon	a. santé!	*bon courage!* _____
2. au	b. la peine	_____
3. à votre	c. courage!	_____
4. ça vaut	d. va?	_____
5. faire	e. appétit!	_____
6. bon	f. les courses	_____
7. ça	g. bientôt!	_____
8. bonne	h. revoir!	_____
9. à	i. chance!	_____

Now match the expressions on the left with their opposites on the right.

1. Il fait chaud.	a. Il a tort.	
2. Il a faim.	b. Il fait froid.	
3. Il fait mauvais.	c. Il a froid.	
4. Il a raison.	d. Il fait beau.	
5. Il a chaud.	e. Il n'a pas faim.	

1.	*b*
2.	
3.	
4.	
5.	

1.5 Les mots et leurs définitions

Words and Their Definitions

Try to define words in French. That way you'll improve your ability to express yourself and develop a thorough command of the language.

Which words listed below go with which definitions? Fill in the missing words and complete the sentences.

aujourd'hui	chaussures	fleurs
	se dépêcher	verte

1. _se dépêcher_ = **aller vite ou faire vite**

   Déjà 9 heures 10 ! Le train part à 9 heures 20, elle doit _se dépêcher_ !

2. _____ = **ces "plantes" s'appellent roses, tulipes...**

   Beaucoup de personnes reçoivent des _____ pour leur anniversaire. Vous aussi ?

3. _____ = **le jour entre hier et demain**

   Hier, dimanche, nous sommes allés au mont Blanc, et demain, mardi, nous y retournerons. Mais _____ , lundi, nous voulons visiter Chamonix.

4. _____ = **la couleur des arbres au printemps**

   La couleur _____ est la couleur nationale de l'Irlande.

5. _____ = **"vêtements" pour les pieds**

   Sans bonnes chaussettes et sans bonnes _____ , on a très vite froid aux pieds en hiver.

1.6 Lecture de texte

Reading Comprehension

Don't be afraid of passages of prose! Try to get the gist of the text, and don't worry about individual unfamiliar words. Not all words are essential to understanding the passage. Besides, French texts are a real treasure trove for "word collectors." Read passages through several times; look for useful words and combinations of words; and then enter them in your vocabulary notebook.

Whether you're a bookworm or not, once you've read the passage below twice, you'll be able to answer the questions that follow!

Les Français, la télévision et les livres

Depuis la découverte de la radio, les médias ont fait un long chemin.

Dans les années 1960, la télévision aussi s'est installée dans beaucoup de familles françaises, – sans oublier aujourd'hui les ordinateurs multimédias!

D'autre part, les Français lisent de moins en moins : les enfants comme les adultes.

Bien sûr, il est facile de dire que la télévision est responsable de cette évolution : en effet, certains enfants et adultes regardent la télévision jusqu'à six heures par jour!

Toutefois, la télévision semble aussi inviter à lire: 6% des livres sont achetés parce qu'ils ont été présentés dans une émission littéraire à la télévision. Vous êtes étonnés?

---

a) Four examples of mass media are mentioned in the passage. Which ones?

la radio ☐   la télévision ☐   le journal ☐   le livre ☐

l'ordinateur multimédia ☐   la revue ☐

b) Are the following statements true or false? Answer "v" for vrai or "f" for faux.

1. Beaucoup de Français ont une télévision.	*v*
2. Certains Français regardent la télévision 6 heures par jour.	
3. Les Français lisent de plus en plus.	
4. La télévision aide aussi à la vente des livres.	

1.7 Mots et images
Words and Pictures

Pictures, too, can help fix words in your memory. Expand and strengthen your vocabulary by describing pictures in French.

Match the following sentences with the pictures.

a. L'appartement a une belle terrasse et est situé près d'une forêt.
b. Je voudrais le plein de super sans plomb, s'il vous plaît !
c. Ils manifestent contre l'augmentation d'impôts.
d. C'est un très beau pullover dans la vitrine !

1. _____   2. _____

3. _____   4. _____

1.8 Carte de vocabulaire
Vocabulary Chart

 Here's a good way to memorize words: Write down all the words you can think of that have to do with a given topic.

You're sure to have information about Paris, Brittany, and the Alps from many different sources. Now try to match the following words with those geographic locations!

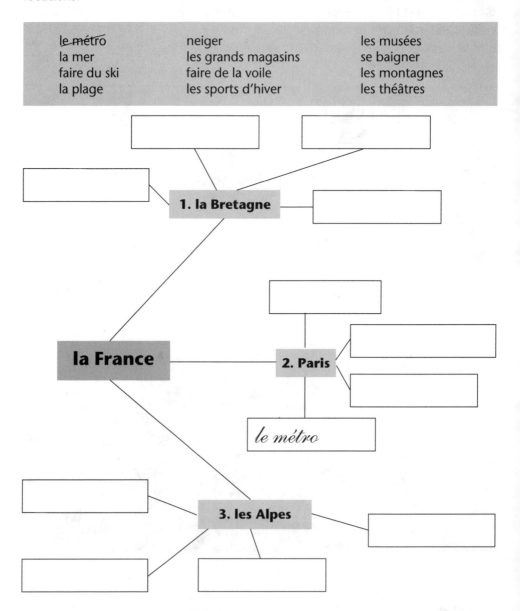

le métro ~~le métro~~   neiger   les musées
la mer   les grands magasins   se baigner
faire du ski   faire de la voile   les montagnes
la plage   les sports d'hiver   les théâtres

1. la Bretagne

la France

2. Paris

le métro

3. les Alpes

1.9 Les contraires

Opposites

Mnemonic devices will help you learn more easily. Learning antonyms – words opposite in meaning – is a good memory aid.

a) Match each verb with its opposite.

trouver	éteindre	ouvrir	recevoir
commencer	acheter	descendre	s'en aller

1. chercher   *trouver*

2. vendre   _____

3. envoyer   _____

4. allumer   _____

5. monter   _____

6. fermer   _____

7. rester   _____

8. finir   _____

b) In the sentences below, omit the negation and use the opposite of the adjective instead.

1. Ce verre n'est pas **vide**.   *Ce verre est plein.*

2. Ce guide n'est pas **cher**.   _____

3. Ce chien n'est pas **jeune**.   _____

4. La cuillère n'est pas **sale**.   _____

5. La place n'est pas **libre**.   _____

c) Match the nouns on the left with their opposites on the right.

1. la question   a. le sud

2. la sortie   b. le départ

3. le nord   c. la réponse

4. l'arrivée   d. l'entrée

1.	c
2.	
3.	
4.	

1.10 Les mots et leurs familles
Words and Their Families

You can remember words more easily by learning each word together with its "family."

a) You undoubtedly know the following adjectives. Can you match a verb with each adjective?

1. utile
2. inquiet
3. aimable
4. intéressant

a. s'intéresser
b. aimer
c. s'inquiéter
d. utiliser

1.	*d*
2.	
3.	
4.	

b) The following words are in search of the right verbs. Can you help?

1. l'arrivée   *arriver*
2. l'habitant   _____
3. le téléphone   _____
4. l'entrée   _____
5. la réponse   _____
6. l'information   _____

c) Now bring the word families together.

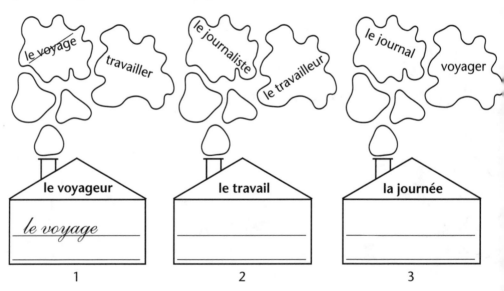

le voyage — travailler — le journaliste — le travailleur — le journal — voyager

le voyageur
le voyage
1

le travail
2

la journée
3

14

Des groupes de mots
Word Groups

Your personal lexicon can be enlarged by writing down all the words you know, as well as the new words you learn, that have to do with a certain topic. Arrange your word list according to subject.

There is an uninvited guest in each line: **l'intrus.** *Circle the word that doesn't belong.*

1. gris	~~célèbre~~	blanc	rouge
2. là-bas	la mère	le frère	la sœur
3. l'eau minérale	le thé	le tabac	le jus de fruits
4. la forêt	la rivière	l'arbre	le paquet
5. typique	le billet	touristique	doux
6. vouloir	savoir	le pourboire	voir
7. l'assiette	le carnet	le couteau	la fourchette
8. la boucherie	la boulangerie	le restaurant	le supermarché
9. la promenade	marcher	l'excursion	la publicité
10. le chapeau	les cheveux	les yeux	la gorge
11. la fièvre	le rhume	se faire mal	le syndicat
12. bien	l'argent	lentement	absolument
13. ce	cette	ces	c'est
14. vers	urgent	entre	derrière
15. la douche	le train	l'avion	la voiture
16. le pantalon	la mairie	la jupe	le chapeau
17. mon	notre	vos	quoi
18. expliquer	suivre	hier	nettoyer

1.12 Des faux amis

False Friends

Some English words are derived from French and seem familiar to you. Frequently, however, they have a different meaning. Caution is in order when you meet one of these false friends.

a) Match the following words with the pictures.

~~le crayon~~	le journal	le slip
le bras	la plume	la librairie

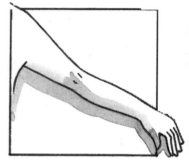

1. *le crayon*   2. _____ 3. _____

4. _____ 5. _____ 6. _____

b) Use the words below to fill in the blanks in the sentences.

sensée	sensible	blesée

1. Elle pleure facilement; elle est trop _____.

2 Il on pris une résolution très _____.

3. Elle est tombée du troisième étagel. Elle s'est _____.

Chapter 2

Groupes de mots
Word Groups

1. Learn words in groups.

The French language has an almost inexhaustible fund of words. Therefore, you need to try to memorize words in groups. For example:
- words for beverages,
- words for parts of the body,
- words for months and seasons.

2. Compile word groups in your vocabulary notebook.

Enter new words in your vocabulary notebook in word groups, and learn them according to subject. You'll see how easy it is to fix new words in your memory.

2.1 Des groupes de mots
Word Groups

Arrange the following words in the correct groups. Decide whether they belong to **le corps humain**, **les boissons**, or **les animaux**.

~~le café~~	le jus de pomme	le poisson	la jambe
la gorge	le vin rouge	~~la tête~~	l'oiseau
~~le poulet~~	le thé	l'alcool	le pied
la bière	le chat	le bras	le chien
la dent	l'eau minérale	le rosé	la main

le corps humain

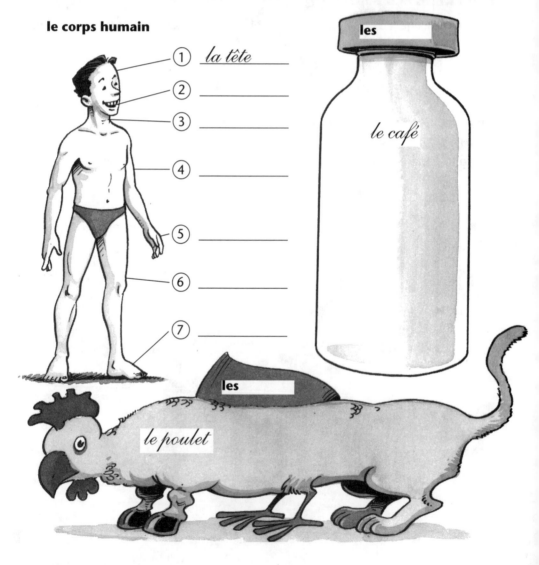

① *la tête*
②
③
④
⑤
⑥
⑦

les

le café

les

le poulet

18

Les jours de la semaine et la journée

Days of the Week and Parts of the Day

a) The days of the week are important. Fill in the missing days of the week in the appointment book. Then write down what Monsieur "Indefatigable" does every Monday through Saturday.

1. l _u_ _n_ di	la piscine	*Le lundi, il va à la piscine.*
2. m _ _ di	le cinéma	_____
3. m _ _ _ _ _ di	le café	_____
4. j _ _ di	le musée	_____
5. v _ _ _ _ _ di	le restaurant	_____
6. s _ _ _ di	la campagne	_____

b) Do you want to telephone friends abroad? Watch out! Is it really the right time of day?

le matin	le midi	l'après-midi	le soir	la nuit

1. A Paris, il est 7 heures : c'est *le matin.* _____

2. A Tokyo, il est 15 heures : c'est _____

3. A Karachi, il est 12 heures : c'est _____

4. En Alaska, il est 21 heures : c'est _____

5. A New York, il est 1 heure : c'est _____

2.3 Les mois et les saisons

Months and Seasons

a) Do you like crossword puzzles? Fill in the blanks of this puzzle with the names of 11 months. What is the twelfth month?

12. Answer: _____ .

b) Which season belongs in which sentence? Complete each sentence with the name of the appropriate season.

| en été | ~~en automne~~ | en hiver | au printemps |

1. A Munich, *en automne* , il y a la fête de la Bière.

2. Dans les montagnes, _____ , il neige beaucoup.

3. Pâques est _____ .

4. Les petits Français ont deux mois de vacances _____ .

2.4 Les chiffres

Numbers

Problem 1

Are you a good detective? The numbers between 0 and 20 are hidden in the table. Circle them and then cross out the appropriate numerals below the table. One number is missing. Which one?

Answer:_____.

a	q	u	a	t	o	r	z	e	o	t	r	o	i	s	a
t	o	n	z	e	u	d	i	x	–	h	u	i	t	d	s
t	g	v	i	n	g	t	j	z	é	r	o	q	u	q	e
r	c	i	n	q	x	q	u	a	t	r	e	z	e	u	p
e	m	n	w	s	h	x	d	o	u	z	e	a	p	i	t
i	d	e	c	i	u	d	i	x	–	n	e	u	f	n	e
z	i	u	b	x	i	k	d	d	e	u	x	o	t	z	u
e	x	f	m	q	t	d	i	x	–	s	e	p	t	e	n

0 1 2 3 4 5 6 7 8 9 10 11 12 13 14 15 16 17 18 ~~19~~ 20

Problem 2

The millipede has swallowed the following numbers. How are they spelled out? Match the numbers with the correct answers.

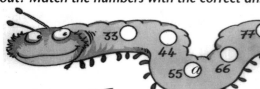

a. ~~cinquante-cinq~~
b. trente-trois
c. soixante-six
d. quatre-vingt-huit
e. quatre-vingt-dix-neuf

f. deux cent vingt-deux
g. cinq cent cinquante-cinq
h. quarante-quatre
i. soixante-dix-sept
j. six cent soixante-six

2.5 La date, les fêtes et les jours fériés

The Date, Festive Occasions, and Holidays

Remember that when the French give the date – with the exception of the first day of the month – they use cardinal numbers. For example:
le premier juin, le deux juin, le trois juin.

a) Here's an overview of the French calendar for the coming year. You may already know the missing holidays. Write the names in the blanks provided.

fête nationale　　　　　*Noël*　　　　　*jour de l'An*

janvier 1er	février 17	mars 21	avril 10
_____	Mardi gras	printemps	Pâques
mai 1er	**juin** 12	**juillet** 14	**août** 15
fête du Travail	Pentecôte	_____	Assomption
septembre 21	**octobre** 3	**novembre** 1er	**décembre** 25
automne	Saint-Gérard	Toussaint	_____

b) Now, with the help of the overview above, write out the following dates. Write out the numbers too.

1. = La Toussaint est quand ?
   – La Toussaint est *le premier novembre.*

2. = L'automne commence quand ?
   – Il commence _____
   _____

3. = La fête du Travail est quand ?
   – C'est _____
   _____

4. = Pâques est quel jour cette année ?
   – C'est _____
   _____

2.6 Vœux et félicitations

Wishes and Congratulations

In France, people like to send cards with a message already printed on them... that's why there are almost as many different cards as there are days in the year!

On what occasions are the following cards sent?

a Bonne Fête !

b Joyeux Noël !

c Félicitations !

d Voeux de Bonheur !

e Sincères Condoléances !

f Bon Anniversaire !

g Meilleure Santé !

h Bonne et Heureuse Année !

- *c*   1. Marc et Sophie ont eu une petite fille.
- ☐   2. François a vingt ans aujourd'hui.
- ☐   3. L'année 2001 finit. L'année 2002 commence.
- ☐   4. C'est bientôt le 25 décembre.
- ☐   5. Michelle et André se marient.
- ☐   6. Une vieille amie vient de mourir.
- ☐   7. Demain, c'est le 3 juillet: c'est le jour de la fête de Saint-Thomas.
- ☐   8. Un ami est malade.

2.7 Donner son avis

Stating Your Opinion

Memorize entire sentences that you can use to express your opinion. Then you can react quickly and accurately to the demands of the situation.

Match these sentences with the appropriate pictures below.

a. Mais si, nous prenons le train !
b. D'accord, c'est une bonne idée !
c. Ce n'est pas grave.

d. Oui, je pense que ces lunettes te vont très bien.
e. J'en ai assez !
f. Encore ! Moi, je préfère aller au cinéma.

2.8 Exprimer ce qui déçoit, plaît ou ne plaît pas

Expressing Disappointment, Pleasure, and Displeasure

a) What do you say when something pleases or displeases you? Assign the following expressions to the appropriate categories.

a. Je suis content de te voir !
b. Ça ne me plaît pas du tout.
c. Vous êtes très aimable.
d. Enchanté de faire votre connaissance !
e. C'est triste !
f. Je n'aime pas du tout.

g. C'est très intéressant.
h. C'est bien !
i. J'aime beaucoup.
j. C'est ennuyeux.
k. Ça me dérange.
l. C'est agréable !

1. Ça me plaît.	2. Ça ne me plaît pas.
Je suis content de te voir !	

b) Match the French sentences with their English equivalents.

1. C'est dommage.
2. Tant pis !
3. Je suis très déçu.
4. Malheureusement !

a. I am very disappointed.
b. It's a pity.
c. Too bad!
d. Unfortunately!

1.	b
2.	
3.	
4.	

2.9 Des verbes de mouvement
Verbs of Motion

With the help of pictures, you can easily learn verbs of motion.

Now write the following verbs in the correct blanks.

s'en aller   s'asseoir
entrer   fermer
arriver   tomber

revenir
descendre
se lever
ouvrir
monter
sortir

1 *s'en aller*

2 _____

3 _____

4 _____

5 _____

6 _____

7 _____

8 _____

9 _____

10 _____

11

12

26

2.10 Savoir et pouvoir
Savoir *and* pouvoir

Complete the sentences with the verb forms given below.

~~savent~~	pouvez	peuvent
savez	peut	sait

1. A huit ans, presque tous les enfants _*savent*_ lire.

2. On ne _____ pas lire sans lumière.

3. En février, s'il y a de la neige, vous _____ aller faire du ski.

4. Maryse _____ faire du ski mais elle préfère la randonnée.

5. Vous _____ si les Martin viennent aussi ?

6. A ton avis, les enfants _____ aller à la piscine sans nous ?

2.11 Les couleurs
Colors

The easiest way to learn the colors is to memorize the words in combination with people or things for which the color is typical.

Use the adjectives to create combinations that make sense.

1. La nuit, tous les chats sont

2. En Tunisie, les maisons sont

3. Une bonne tomate est bien

4. Quand il fait soleil, le ciel et la mer sont

5. Certains arbres restent toute l'année

6. En automne les feuilles des arbres sont

7. Un café sans lait est un café

a. blanches.

b. bleus.

c. gris.

d. rouge.

e. noir.

f. verts.

g. marron, jaunes et oranges.

1.	*c*	2.		3.		4.		5.		6.		7.	

Chapter 3

Thèmes
Topics

1. Become a "word collector"!

Some people collect stamps, which they arrange in their albums. Why shouldn't we collect words, too?

2. Think carefully about where you want to file the words you've collected.

This chapter will help you organize words according to various subject areas, such as family or means of transportation.

3. Construct word charts.

Collect words and idioms that pertain to a certain topic, and arrange them in a diagram to show the logical links between the items. You'll see how easy it is to commit these concepts to memory.

4. Use pictures.

If you like to draw, then you can put your hobby to good use when you're memorizing words. Draw landscapes, cities, and other subjects, and label the objects and people in your pictures. In that way you can create your own picture dictionary.

3.1 Se présenter

Introducing Yourself

a) A young woman introduces herself and her husband. First read the passage, and then answer the questions about Philippe.

"Bonjour ! Je m'appelle Corinne, Corinne Müller ! J'habite à Strasbourg depuis cinq ans avec mon mari, Philippe. Moi, je suis Française, mais Philippe est Suisse : il est né à Genève. J'ai trente ans et je suis informaticienne. Philippe a deux ans de plus que moi, il est pharmacien. Il a la chance de travailler dans une petite pharmacie très sympathique au centre de Strasbourg. J'adore cette ville, j'y suis née !"

1. Le mari de Corinne s'appelle comment ? _____

2. Il est né où ? _____

3. Il est Français ? _____

4. Quelle est sa profession ? _____

5. Il habite où ? _____

b) Using the information in the passage above, fill in the blanks in Corinne's identity card.

CARTE NATIONALE D'IDENTITÉ

NOM	LAMBERT épouse _____
Prénoms	_____ , Sophie, Amélie
Née le	14 mai 1967
à	_____
NATIONALITÉ	_____
Taille	1 m 70
Domicile	15, boulevard Victor Hugo

Signature du titulaire

Corinne Müller

67000 _____

3.2 Pays et nationalités

Countries and Nationalities

a) Using the list below, name the designated countries on this map of Europe.

Autriche	France	Espagne	Allemagne	Italie	Suisse

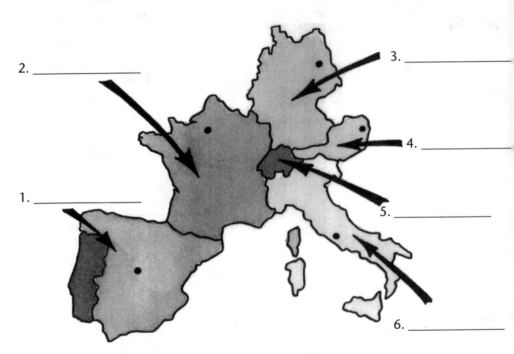

2. _____

3. _____

4. _____

1. _____

5. _____

6. _____

b) Enter the appropriate nationalities in the blanks.

Pays		
1. l'Espagne	*Espagnol*	*Espagnole*
2. l'Allemagne		
3. l'Italie		
4. la France		
5. l'Autriche		
6. l'Angleterre		
7. la Belgique		

3.3 Les métiers
Occupations

a) Match the job designations below with the appropriate pictures.

le médecin · le vendeur · la femme au foyer · le guide · la technicienne · la secrétaire

1. *la secrétaire*   2. _____   3. _____

  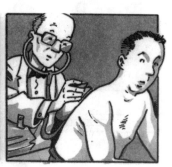

4. _____   5. _____   6. _____

b) Now find out where each person is employed.

1. Le médecin travaille	a. dans un salon de coiffure.	1.
2. L'infirmière travaille	b. dans un restaurant.	2.
3. Le cuisinier travaille	c. dans un lycée.	3.
4. La vendeuse travaille	d. dans un bureau.	4.
5. Le prof travaille	e. dans une usine.	5.
6. La femme au foyer travaille	f. dans un hôpital.	6.
7. L'ouvrier travaille	g. dans un magasin.	7.
8. L'employée travaille	h. à la maison.	8.
9. Le coiffeur travaille	i. dans un cabinet médical.	9.

3.4 La famille
Family

a) Corinne Müller is talking about her family. First read the passage below. Then you'll have no trouble filling in the family tree with the correct first names.

"Vous me connaissez déjà ! Je suis Corinne Müller : Lambert est mon nom de jeune fille. Mes parents s'appellent Sophie et Marcel Lambert. Je n'ai pas de sœur mais j'ai un frère, Louis, que j'aime beaucoup. Je suis mariée avec Philippe Müller. Nous avons deux enfants : Pierre et Patricia.

Philippe a une sœur très sympathique qui s'appelle Maryse. Ses parents, André et Pauline Müller, habitent à Genève. C'est loin, mais ils viennent nous voir souvent !"

LAMBERT		MÜLLER	

1. _____   2. _____   7. _____   8. _____

3. _____   4. *Corinne*   9. _____   10. _____

5. _____   6. _____

b) Read the passage through again. Are the following statements correct? Use "v" for **vrai** *and "f" for* **faux.**

1.	*v*
2.	
3.	
4.	
5.	
6.	
7.	

1. Sophie Lambert est la grand-mère de Patricia.
2. Patricia est la petite-fille de Marcel Lambert.
3. Philippe est le fils de Pauline Müller.
4. Philippe et Maryse sont mari et femme.
5. Corinne est la tante de Patricia.
6. Louis est l'oncle de Pierre.
7. Pierre et Patricia sont le neveu et la nièce de Maryse.

c) A jumble of words: Some words have gotten mixed up. Can you put them together correctly?

1. le sin cou   *le cousin* _____

2. la re mè   _____

3. l' cle on   _____

4. le re grand- pè   _____

5. la sine cou   _____

6. la le fil   _____

d) How do you describe marital status? Match the English and French terms correctly.

1. She is a single mother.

2. He is divorced.

3. She is married.

4. They live together.

5. He is single.

6. They are separated.

a. Elle est mariée.

b. Il est célibataire.

c. Il est divorcé.

d. Ils sont séparés.

e. Elle est mère célibataire.

f. Ils vivent ensemble.

1.		2.		3.		4.		5.		6.	

33

3.5 Comment décrire une personne

How to Describe Someone

a) Use the following adjectives to describe the people below.

petit et mince	grand et fort	gros

1. Il est _____   2. Il est _____   3. Il est _____

b) Cherchez l'intrus! Circle the word that doesn't belong.

1. Il a les cheveux	**2. Elle a les yeux**	**3. Il a une barbe**	**4. Il a l'air**

blancs blonds
 	
bruns   roux
 	
aimables
	bleus
	    derniers
	marron
	    gris-verts
	    gris
		courte noire
		
		jaune longue
		
		    rousse
			agréable triste
			
			rosé
			    tranquille
			
			ennuyeux

c) Match each sentence with its opposite.

1. Elle a l'air déçue.
2. Sa voix est douce.
3. Elle est vieille.
4. Il ressemble à sa mère.
5. Il est chauve.
6. C'est un adulte.

a. Il a de beaux cheveux.
b. Elle a l'air contente.
c. Il ressemble à son père.
d. Sa voix est dure.
e. C'est un adolescent.
f. Elle est très jeune.

1.	b
2.	
3.	
4.	
5.	
6.	

34

3.6 La maison
House

The architect has forgotten to label the various rooms and objects in this house.
Can you help him?

~~la fenêtre~~   la salle à manger   la douche   la chaise   la cuisine   le lit   le salon

la table   les toilettes   la salle de bains   l'escalier   la porte   la chambre

---

1. *la fenêtre*
2. _____
3. _____
4. _____
5. _____
6. _____
7. _____
8. _____
_____
9. _____
10. _____
11. _____
12. _____
13. _____

a) "She loves me, she loves me not ..." is the way we play this old game in English. Now, using the hearts as a guide, try to figure out the French way. Write the remaining words of the rhyme on the blank petals.

(un peu)   (passionnément)   (pas du tout)   (à la folie)   (beaucoup)

b) Feelings can vacillate, too. Use the "+" and "–" signs to indicate whether these sentences express positive or negative feelings.

1. Ta lettre m'a fait très plaisir.	**1.** +
2. Il est en retard, je m'inquiète beaucoup.	**2.**
3. Elle n'aime pas du tout les chiens.	**3.**
4. Leur chat est perdu : ils sont malheureux.	**4.**
5. Il ne s'en fait jamais.	**5.**
6. Je me sens tellement joyeux !	**6.**
7. Nous sommes vraiment désolés.	**7.**
8. Elle n'aime pas trop la musique de Wagner.	**8.**
9. Ils se sentent si heureux : ils ont envie de rire !	**9.**

3.8 Les activités de loisirs
Leisure Activities

Keep this in mind: When you use *jouer* in combination with a parlor game, you also need the preposition *à*, as in *jouer aux cartes* = to play cards.

a) Complete the sentences with the appropriate leisure activities.

réunions	théâtre	cuisine	piscine
jardin	musée	livre	cartes

1. Jeanne s'amuse beaucoup pendant les ___*réunions*___ de famille.

2. Il fait si beau et si chaud ! Ils décident d'aller à la _____ .

3. Tu voudrais voir la "Mona Lisa" de Leonardo da Vinci ? Il faut visiter le _____ du Louvre à Paris.

4. Luc voudrait jouer au Monopoly, mais Danielle et Martine préfèrent jouer aux

   _____ .

5. "Pour moi, les loisirs, c'est lire un bon _____ !"

6. Michel va à un cours tous les lundis. Il apprend à faire la _____ avec un vrai chef cuisinier !

7. Les Martin, qui sont de bons acteurs, font du _____ depuis des années et ont déjà joué au festival d'Avignon.

8. Son grand-père aime faire du _____ . Il s'occupe beaucoup de ses fleurs, de ses fruits et de ses légumes.

b) How do these sentences end? Choose the words that best complete each sentence.

1. Il regarde une émission
   - ☐ a. dans le jardin.
   - ☐ b. à la télévision.
   - ☐ c. faire de la photo.

2. Pour voir un film,
   - ☐ a. il loue une vidéo.
   - ☐ b. il va au cinéma.
   - ☐ c. il lit des bandes dessinées.

3. Liliane aime aller le soir
   - ☐ a. fait du bricolage.
   - ☐ b. au cinéma.
   - ☐ c. à la disco.

4. Ils aiment beaucoup faire
   - ☐ a. du dessin.
   - ☐ b. aux cartes.
   - ☐ c. de la peinture.

3.9 Les sports
Sports

Keep this in mind: You can use *faire du/de* with all kinds of sports, as in *faire du ski, faire du football*. But if the sport involves a ball, you can also use *jouer au/à: jouer au football*.

a) Match the pieces of sports equipment with the correct sports.

la planche à voile   le football   le vélo   le randonnée   le ski   le tennis

1. *la planche à voile*   2. _____   3. _____

4. _____   5. _____   6. _____

b) Not every sport can be played everywhere. Where can you take part in the sports below? Combine the phrases on the left with those on the right to form meaningful sentences.

1. On joue au tennis	a. dans un stade.	1.
2. On peut jouer au football	b. à la piscine.	2.
3. On peut faire du V.T.T.	c. sur la neige.	3.
4. On fait de la natation	d. sur un court de tennis.	4.
5. On fait du ski	e. sur un lac ou en mer.	5.
6. On fait de la planche à voile	f. en ville et en montagne.	6.

3.10 Villes, villages et paysages

Cities, Villages, and Landscapes

It's the diversity of a landscape that makes it beautiful, people say. Write the terms below in the correct blanks.

le champ	l'industrie	la ville	la forêt	le lac	la plage
la montagne	le camping	le port	la rivière	la mer	la route

① *le champ*

39

3.11 Les moyens de transport
Means of Transportation

a) *The following means of transportation are sure to be familiar to you. Using the pictures as a guide, write the correct names in the boxes. Use capital letters.*

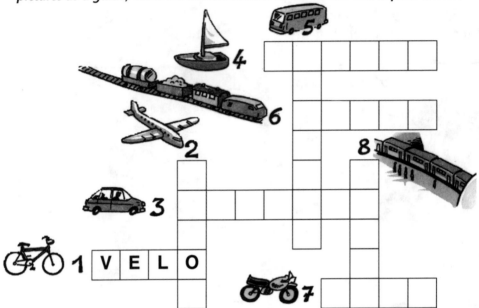

1. V E L O

b) **Sometimes everything goes wrong! Read this account of a trip and fill in the missing words.**

| rendu | grève | direction | circulation | tombée | kilomètres | en |

Chers amis,

1. A Noël, nous avons *rendu* visite à notre fils. 2. Notre voiture est _____ en panne, alors j'ai appelé un taxi pour aller à la gare.

3. Malheureusement, les trains étaient en _____ ! Nous avons donc décidé de prendre l'avion. Quelle chance ! 4. Il y avait tout de suite un avion en _____ de Toulouse. 5. Notre fils est venu nous chercher à l'aéroport _____ voiture. 6. Sur l'autoroute, il y avait beaucoup de _____ . 7. Nous avons mis douze heures pour faire trois cents _____ . Quel voyage !

Meilleur souvenir

Paul

3.12 En ville
In Town

Mark all appropriate answers with an "x." Each question has one or two possible answers.

1. Où peut-on dormir ?
   On peut dormir
   - ☐ a. à l'hôtel.
   - ☐ b. dans une pension.
   - ☐ c. au bureau de tabac.

2. On mange où ?
   On mange
   - ☐ a. à la mairie.
   - ☐ b. au restaurant.
   - ☐ c. au syndicat d'initiative.

3. Les Français se marient où ?
   Ils se marient
   - ☐ a. à la gare de l'Est.
   - ☐ b. au Lycée Victor Hugo.
   - ☐ c. à la mairie.

4. Vous savez où est le consulat ?
   Le consulat est
   - ☐ a. dans l'industrie.
   - ☐ b. dans cet immeuble.
   - ☐ c. au centre ville.

5. Elle habite où ?
   Elle habite
   - ☐ a. près de la station de métro.
   - ☐ b. à la poste.
   - ☐ c. dans ce bâtiment.

6. Qu'est-ce que vous cherchez ?
   Nous cherchons
   - ☐ a. l'office du tourisme.
   - ☐ b. le quartier Saint-Michel.
   - ☐ c. chez l'habitant.

7. Tu connais son adresse ?
   Oui, elle habite
   - ☐ a. 12, rue du Pont-Neuf.
   - ☐ b. 4, rue de la Tour.
   - ☐ c. devant l'hôpital.

3.13 Objets du monde moderne
Objects of the Modern World

 In France, the *Académie française* is very concerned with using French words rather than English ones. As a result, there are frequently two words – one French, one English – for the same object, for example, *le télécopieur* or *le fax*.

a) Match the French words with their English equivalents.

1. la messagerie électronique	a. the fax machine	1.	
2. le téléphone	b. the answering machine	2.	
3. le télécopieur	c. the electronic mailbox	3.	
4. le répondeur	d. the cellular phone/the laptop	4.	
5. la lettre	e. the CD-ROM	5.	
6. l'ordinateur	f. the Walkman	6.	
7. le portable	g. the telephone	7.	
8. le baladeur	h. the letter	8.	
9. le CD-Rom	i. the computer	9.	
10. la souris	j. the diskette	10.	
11. le clavier	k. the printer	11.	
12. l'imprimante	l. the keyboard	12.	
13. la disquette	m. the mouse	13.	

b) Which means of communication do you connect with the following sentences?

1. Vous voulez envoyer un fax.	_____
2. Vous voulez téléphoner de partout.	_____
3. Vous laissez un message sur la bande.	_____

3.14 Les magasins
Stores

Try to put the words below in the correct boxes.

les fleurs	la boucherie	le rayon boissons	les vêtements
le savon	les fruits	l'eau minérale	le pain

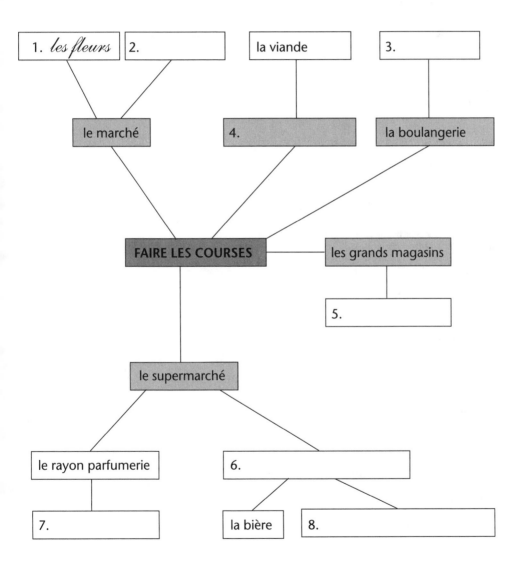

1. *les fleurs* 2. la viande 3.

le marché 4. la boulangerie

FAIRE LES COURSES les grands magasins

5.

le supermarché

le rayon parfumerie 6.

7. la bière 8.

3.15 Cafés et restaurants
Cafés and Restaurants

a) What do you eat in France in a café, and what do you eat in a restaurant? Write the names of the dishes in the correct blanks.

les œufs sur le plat	le sandwich au pâté	le steak garni
le gratin aux légumes	le croque-monsieur	le coq au vin

1. au café	2. au restaurant

les œufs sur le plat _____   _____

_____   _____

_____   _____

b) Complete the dialogue with the sentences provided.

a. Je voudrais une bière pression, s'il vous plaît.
b. Merci. Ça fait combien ?
c. Voilà trente-cinq francs, le reste est pour vous.
d. Merci bien !
e. Oui, je prends un croque-monsieur, s'il vous plaît.

Garçon :	Bonjour, monsieur ! Vous désirez ?
Monsieur :	*Je voudrais une bière pression, s'il vous plaît.*
Garçon :	Vous désirez manger quelque chose ?
Monsieur :	_____
Garçon :	Voici monsieur : une bière pression et un croque-monsieur !
Monsieur :	_____
Garçon :	Ça fait trente-trois francs, s'il vous plaît.
Monsieur :	_____
Garçon :	Merci, monsieur. Bon appétit !
Monsieur :	_____

3.16 Aliments de base, fruits et légumes
Staple Foods, Fruits, and Vegetables

a) In colloquial French, "faire une salade" means "to create confusion." Write down the names of the items needed to make a fruit salad. Watch out; not everything belongs in a fruit salad!

1. la cerise	4. la pomme	7. le radis	10. la carotte
2. le citron	5. l'orange	8. la poire	11. la banane
3. le chou	6. le kiwi	9. le raisin	12. la fraise

la cerise

b) Match the food terms with the appropriate pictures.

le poulet	le beurre	la farine	la viande	le lait
le riz	les œufs	le poisson	la pomme de terre	

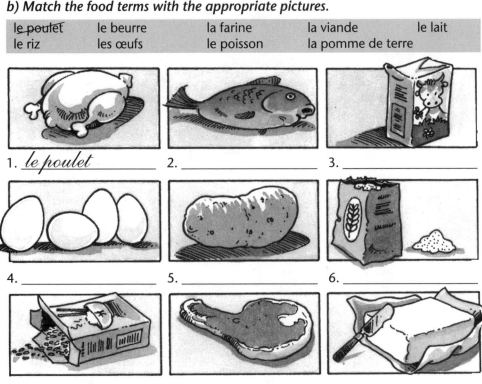

1. le poulet
2. _____
3. _____

4. _____
5. _____
6. _____

7. _____
8. _____
9. _____

3.17 Les vacances
Vacation

When you're getting ready to go on a vacation, there's a lot to do. Put the terms below into the correct boxes.

le passeport   l'appareil photo   faire une réservation
l'eurochèque   les renseignements   les vêtements
la monnaie   les billets de banque   changer de l'argent
les chaussures   le plan de la ville   le dépliant touristique

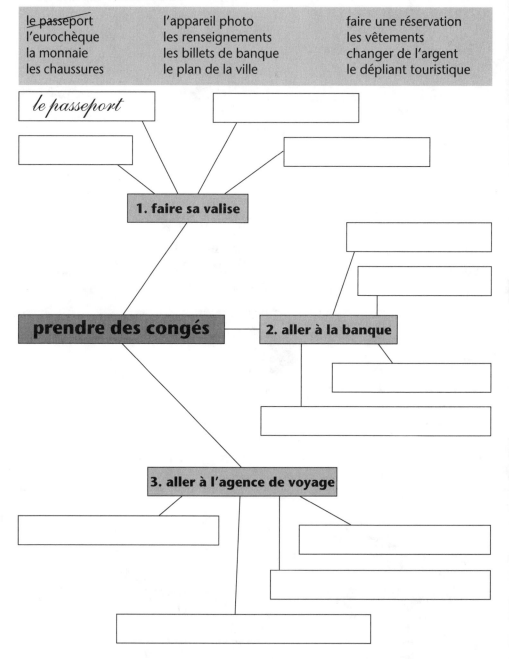

le passeport

1. faire sa valise

prendre des congés — 2. aller à la banque

3. aller à l'agence de voyage

Change et monnaies étrangères

Changing Money and Foreign Currencies

a) Match the terms with the appropriate pictures.

~~le guichet automatique~~   le chèque   le billet
la carte bancaire   la monnaie   la pièce

1. *le guichet automatique*   2. _____   3. _____

4. _____   5. _____   6. _____

b) Match the questions with the correct answers.

1. Tu sais où il y a une banque ? ☐

2. Vous avez de la monnaie de 10 F ? ☐

3. Vous acceptez les cartes de crédit ? ☐

4. La banque est fermée. Tu sais
   où on peut changer de l'argent ? ☐

5. Vous prenez une commission ? ☐

a. Va à la gare, le bureau
   de change est ouvert.

b. Oui, une commission de 3%.

c. Je suis désolée, je n'ai pas
   du tout de monnaie.

d. Oui, la carte bleue mais pas
   la carte eurochèque.

e. Oui, la banque est près d'ici.

3.19 Le temps
Weather

Using the weather map and the words listed in the shaded box, complete the weather report. Il fait quel temps?

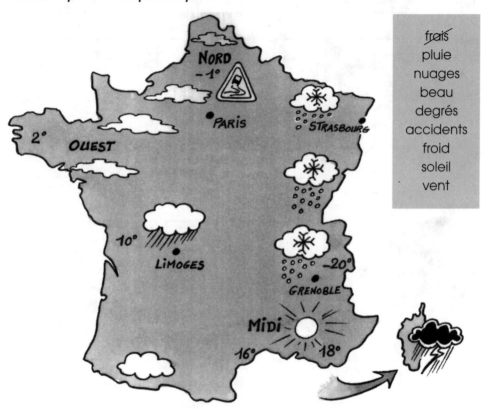

frais
pluie
nuages
beau
degrés
accidents
froid
soleil
vent

... et maintenant la météo pour aujourd'hui :

1) A l'ouest et au nord, le temps sera *frais* . Il y aura des _____ .
Dans le nord, il fera –1°degré : attention au verglas et aux _____ !

2) A l'est, à Strasbourg, en Alsace et dans les Alpes, il neigera toute la journée.
A Grenoble, il va faire très _____ : jusqu'à –20 _____ !

3) Dans le centre, à Limoges, il y aura de la _____ .

4) Au sud et dans le midi, il fera _____ . Il y aura entre 16 et 18 degrés.
Il y aura du _____ .

5) Attention, en Corse, le temps sera lourd. Il y aura du _____ et des orages.

3.20 L'heure
Time

a) Match the times with the clocks. Il est quelle heure?

a. ~~Il est dix heures moins le quart.~~
b. Il est onze heures et demie.
c. Il est cinq heures et quart.
d. Il est une heure et demie.
e. Il est onze heures moins vingt-cinq.
f. Il est deux heures cinq.

1. *a*
2. ___
3. ___
4. ___
5. ___
6. ___

b) Which answer goes with which question?

1. Tu te lèves à quelle heure ?
2. Le film dure combien de temps ?
3. Vous avez l'heure, s.v.p. ?
4. Ils arrivent quand ?
5. Ils sont partis à 19 heures ?
6. Il court les 100 m en 12 secondes ?

a. Oui, il est 4 heures 10.
b. Entre 8 heures et 9 heures.
c. Je me lève à 7 heures.
d. Non, ils sont partis vers 20 heures.
e. Non, en 16 secondes !
f. Il dure environ deux heures.

1.	*c*	2.		3.		4.		5.		6.	

Chapter 4

La formation des mots
Word Formation

1. Try to form words.

Once you know one word of a family, you can guess and understand many other words of that family:

ami	→	amitié,
économie	→	économique,
sortie	→	sortir.

2. Form word families.

Some words can very easily be transformed into new words with the help of suffixes. For example:

– from an adjective to an adverb:

| facile | → | facilement, |

– from a verb to a noun:

| circuler | → | la circulation. |

4.1 La formation des adverbes
Adverb Formation

Some adverbs are derived from adjectives.
If the adjective ends in a consonant, the adverb is formed by adding *-ment* to the
feminine ending:

exact	→	*exactement.*

Adjectives that end in *-e* and are the same for masculine and feminine form the
adverb by adding *-ment*:

pauvre	→	*pauvrement.*

First write the feminine form of the adjectives below, and then complete the adverbial form.

Adjective			Adverb	
masculine		feminine		
dernier	→	*dernière*	→	derni *èrement*
heureux	→	_ _ _ _ _ _ _ _ _	→	heureu _ _ _ _ _ _
facile	→	_ _ _ _ _ _	→	facile _ _ _ _
certain	→	_ _ _ _ _ _ _ _ _	→	certain _ _ _ _ _
autre	→	_ _ _ _ _	→	autre _ _ _ _
long	→	_ _ _ _ _ _	→	long _ _ _ _ _ _
grave	→	_ _ _ _ _	→	grave _ _ _ _
doux	→	_ _ _ _ _	→	dou _ _ _ _ _ _
simple	→	_ _ _ _ _ _	→	simple _ _ _ _
pareil	→	_ _ _ _ _ _ _	→	pareil _ _ _ _ _ _
calme	→	_ _ _ _ _	→	calme _ _ _ _
tranquille	→	_ _ _ _ _ _ _ _ _ _	→	tranquille _ _ _ _

4.2 Le suffixe -tion
The Suffix -tion

The suffix *-tion* can be very useful: With its help, feminine nouns can be formed from verbs. For example: *augmenter* → *augmentation*.

Form nouns from the verbs listed below.

1. circuler → *circulation* 4. exporter → _____

2. opposer → _____ 5. informer → _____

3. organiser → _____ 6. réclamer → _____

4.3 Professions masculines et féminines
Occupations: Masculine and Feminine Noun Forms

Keep in mind that for most occupations there exist both masculine and feminine noun forms: *le vendeur → la vendeuse*.
Sometimes the masculine and feminine forms are identical, and you only need to substitute the feminine article: *le journaliste → la journaliste*.
Others, however, have only a masculine form: *l'ingénieur*, for example. To apply such a noun to a woman, just put *la femme* in front of it: *la femme ingénieur*.

In the blanks, write the masculine form of these nouns denoting occupations.

1. la prof	le *prof*
2. l'employée	l' _____
3. la boulangère	le _____
4. la femme médecin	le _____
5. la photographe	le _____
6. l'ouvrière	l' _____
7. la pharmacienne	le _____

Mots composés

Compound Nouns

Form compound nouns by filling in the missing parts of the terms.

éclair	fleur	sécurité	chaussée	photo	end
service	principal	manger	chocolat	déjeuner	œuvre

1. la fermeture *éclair*

2. le petit-_____

3. le rez-de-_____

4. la glace au _____

5. la station-_____

6. la ceinture de _____

7. le plat _____

8. la salle à _____

9. le hors-d'_____

10. l'appareil _____

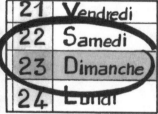

11. le week-_____

12. le chou-_____

Chapter 5

Prononciation et orthographe
Pronunciation and Spelling

1. By using correct pronunciation, you can make yourself understood more easily.

To be readily understood in France, learn the right pronunciation when you add a new word to your vocabulary.

2. Phonetic symbols

In many dictionaries, each entry is followed by a phonetic transcription of the pronunciation. If you know what the symbols mean, you can learn to pronounce new words more easily.

5.1 Mots et phonétique
Words and Phonetics

Remember that an accent on the letter *e* indicates that it is pronounced differently.

a) Which e is missing in the following words? Fill in the blanks with e [ə], é [e], or è [ɛ].

1. [mɛʀ]	m è_ re		6. [egliz]	_ glise
2. [ʃəvø]	ch _ veux		7. [ʀəpɑ]	r _ pas
3. [selɛbʀ]	c _ lèbre		8. [dɛʀiɛʀ]	derri _ re
4. [kafe]	caf _		9. [dəmɑ̃de]	d _ mander
5. [pʀɛ]	pr _ s		10. [legɛʀ]	lég _ re

b) Which words are pronounced with [ʒ] and which with [g]? Arrange them in the correct columns.

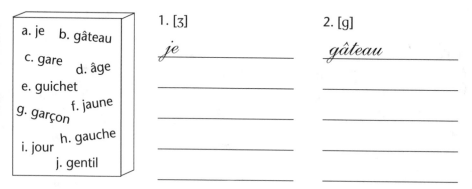

a. je   b. gâteau
c. gare   d. âge
e. guichet
g. garçon   f. jaune
i. jour   h. gauche
j. gentil

1. [ʒ]
   je _____

2. [g]
   gâteau _____

c) The phonetic symbols below represent the expression "He has a frog in his throat." Write the French idiom by replacing the symbols with regular alphabet letters.

[il]   [a]   [œ̃]   [ʃa]   [dɑ̃]   [la]   [gɔʀʒ]

„Il _____ ."

5.2 La prononciation
Pronunciation

In which of the words on the right does the indicated sound occur?

1. [y] as in **r**u**e**
   - ☐ a. route
   - ☐ b. lumière
   - ☐ c. œuf

6. [k] as in **qu**and
   - ☐ a. cinéma
   - ☐ b. calme
   - ☐ c. ceux

2. [ʃ] as in **ch**ez
   - ☐ a. jouer
   - ☐ b. blanche
   - ☐ c. gorge

7. [s] as in place
   - ☐ a. français
   - ☐ b. contre
   - ☐ c. cuisine

3. [ɛ] as in m**es**
   - ☐ a. le
   - ☐ b. mais
   - ☐ c. ma

8. [f] as in font
   - ☐ a. verre
   - ☐ b. yeux
   - ☐ c. femme

4. [ɛ̃] as in v**in**
   - ☐ a. vent
   - ☐ b. mon
   - ☐ c. pain

9. [f] as in **ph**oto
   - ☐ a. famille
   - ☐ b. pied
   - ☐ c. haut

5. [z] as in chaise
   - ☐ a. valise
   - ☐ b. tasse
   - ☐ c. souvent

10. [ɲ] as in ga**gn**er
    - ☐ a. gauche
    - ☐ b. gentil
    - ☐ c. ligne

5.3 Une prononciation pour deux mots
Different Spellings, Same Pronunciation

Which two words sound alike, but are spelled differently? Next to each word below, write one that sounds exactly like it.

a. vingt	b. sale	c. dent	d. voix
e. sel	f. œufs	g. prêt	h. sept

1. vin *vingt*

2. près _____

3. salle _____

4. cette _____

5. eux _____

6. celle _____

7. dans _____

8. voie _____

5.4 Le -e à la fin d'un mot
The -e at the End of a Word

Remember that the *-e* at the end of a word is rarely pronounced. The *-e* does make the preceding consonant audible, however, as in *vert* [vɛʀ], *verte* [vɛʀt], and *vertes* [vɛʀt].

In each box, circle the word whose final consonant is silent.

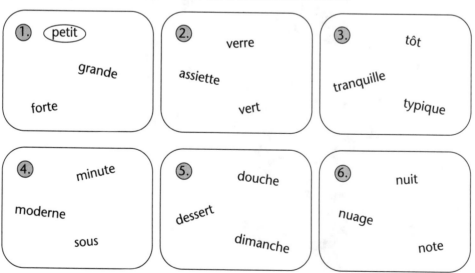

1. (petit) grande forte

2. verre assiette vert

3. tôt tranquille typique

4. minute moderne sous

5. douche dessert dimanche

6. nuit nuage note

Chapter 6

Combinaisons de mots
Word Combinations

1. Many words are commonly used together, in fixed expressions.

It helps to learn words in "partnerships." The French say, for example:
> *prendre un café,*

while Americans say
> *to have a cup of coffee.*

2. Learn words in combinations.

Some words change their meaning when they appear in combination with other words. Verbs in particular often change their meaning according to the preposition or reflexive pronoun accompanying them. For example:

to smell	→	*sentir,*
to feel	→	*se sentir.*

6.1 Les verbes : tenir, mettre, prendre, faire, avoir

The Verbs tenir, mettre, prendre, faire, avoir

Fill in the missing verbs.

Tiens
tenez
tient

1. tenir

a. ___*Tiens*___ , c'est Frédéric à côté de la mairie !

b. Marc a réparé la chaise : elle _____ bien !

c. Vous _____ mon sac un moment ?

mets
mettez
mets

2. mettre

a. Où est-ce que je _____ la voiture ?

b. Marie, _____ ton pullover !

c. Est-ce que vous _____ la lettre à la poste ?

fait
fais
faisons

3. faire

a. Qu'est-ce que tu _____ dans la vie ?

b. Nous _____ du vélo et du tennis.

c. En Espagne, en mai, il _____ souvent beau temps.

avons
ont
a

4. avoir

a. Elles _____ faim !

b. Paul _____ tort.

c. Nous n' _____ plus de pain.

prennent
prenez
prends

5. prendre

a. Les Caron _____ le train pour aller au travail.

b. Pour aller à Dijon, vous _____ l'autoroute A 6.

c. Tu _____ ton café avec ou sans sucre ?

6.2 Verbes dans leur contexte
Verbs in Context

Which word is the right one? Fill in the blanks.

a) Chercher, faire, passer, rendre, trouver.

rendre
trouve passé
cherche
faire

1. Cette année, Philippe a *passé* _____ son bac.

2. Maintenant il _____ du travail pour l'été.

3. S'il ne _____ pas de travail, il veut

_____ visite à des amis.

4. Il voudrait bien _____ ses études à Lyon.

b) Téléphoner, chercher, passer, porter.

porter
téléphones
chercher
passe

1. Demande aux renseignements ! Si le train

passe _____ par Nancy, tu descends là. 2. Je peux

venir te _____ à la gare et t'aider à

_____ ta valise. 3. Tu me _____

ce soir pour me dire quand tu arrives ?

c) Attendre, devoir, monter, porter, sortir.

attendu
sorti
porte
monté
doit

1. Allô, chef ? Nous avons *attendu* _____ le suspect

devant son hôtel pendant trois heures. 2. A 18 heures 10, il

est _____ de l'hôtel et est _____

dans sa voiture. 3. Ça _____ vous intéresser.

4. Aujourd'hui, il _____ des lunettes !

Malheureusement, chef, nous l'avons perdu.

6.3 Verbes et substantifs
Verbs and Nouns

Choose the words that best complete the sentence fragments below.

1. Vous savez bien faire la	a. sel ?	1.	*b*
2. Dans ton sac, il y a encore de la	b. cuisine ?	2.	
3. Tu me passes le	c. publicité.	3.	
4. Ça va plus vite. Prends l'	d. courses ?	4.	
5. Où est-ce que tu as	e. place ?	5.	
6. Pour vendre, il faut faire de la	f. autoroute !	6.	
7. A 70 ans, il fait encore du	g. mal ?	7.	
8. Il n'y a rien à manger, il faut faire des	h. sport !	8.	

6.4 Verbes combinés avec d'autres mots
Verbs in Combination with Other Words

Fill in the appropriate verbs.

~~avoir~~   être   prendre   faire

1. *avoir*   l'heure / 20 ans / soif

3. _____   le train / le petit-déjeuner / une photo

2. _____   des études / du théâtre / un gâteau

4. _____   en vacances / bon marché / en retard

61

Adjectifs et substantifs

Adjectives and Nouns

Using the groups of words below, describe the people in the pictures.

~~en pleine forme~~	l'air triste	de bonne humeur
en mauvaise santé	en bonne santé	de mauvaise humeur

1. Il est _en pleine forme._

2. Il est _____

3. Elle a _____

4. Elle est _____

5. Il est _____

6. Elle est _____

6.6 Phrases avec il faut, il faut faire quelque chose

Sentences with il faut, il faut faire quelque chose

a) What ingredients do you need to prepare these dishes? Find the right matches.

1. Pour faire une pizza,
2. Pour cette salade de fruits,
3. Pour faire des crêpes,
4. Pour une salade niçoise,

a. il faut aussi des bananes.
b. il faut des tomates.
c. il faut des olives.
d. il faut des œufs.

1.	b
2.	
3.	
4.	

When *il faut* is followed by a verb, the infinitive form of the verb is used. For example: *il faut partir.*

b) Fill in the missing verbs in the sentences below.

envoyer tourner accompagner
venir descendre
acheter

1. Vite, il faut _acheter_ des steaks maintenant ! La boucherie ferme bientôt.

2. Pour aller à l'opéra, il faut _____ à la prochaine station ?

3. Je voudrais aller à Orléans. Il faut _____ à droite ou à gauche ?

4. Samedi prochain, c'est l'anniversaire de Patrick. Nous faisons une petite fête. Il faut _____ !

5. Vous voulez réserver cet appartement pour le mois d'août ? Il faut _____ un fax tout de suite.

6. Il faut _____ ton frère au consulat demain matin.

Chapter 7

Situations
Situations

1. Set phrases are important in conversations.

Vocabulary consists of more than individual words. Fixed expressions can also be very important, especially in conversations.
Here are some examples:

> *Comment ça va?*
> *Enchanté de faire votre connaissance.*
> *Excusez-moi...*

2. Always react appropriately.

Fix words and sentences in your memory, so that you can react quickly and suitably in many situations, for example, when shopping:

> – *C'est à qui?*
> – *C'est à moi!*

Dire bonjour et au revoir

Saying Hello and Good-bye

Which dialogue goes with which drawing? See if you can make the right matches.

a. ⊕Tiens ! Bonjour, Martine !
   – Bonjour, Michel ! Quelle
     surprise !
   ⊕Qu'est-ce que tu fais ici ?
   – J'attends mon taxi. Le voilà !
     Bon, au revoir !
   ⊕Au revoir. A la prochaine fois !

1. *a*

b. ⊕Bonjour, monsieur. Je suis
     Charles Durand, de la société
     EDF.
   – Bonjour, monsieur. Je suis Raoul
     Dubon. Enchanté.
     Prenez place, je vous en prie.
   Plus tard ...
   ⊕Au revoir, monsieur.
   – Au revoir, monsieur.

2.

c. ⊕Salut, tout le monde !
   – Salut, Paul ! Comment ça
     va ?
   ⊕Salut, mon vieux !
   – Salut ! Tu prends aussi un
     petit café ?
   Plus tard ...
   ⊕J'y vais. Merci pour
     le café ! Salut !

3.

d. ⊕Allô ?
   – Bonjour, madame ! C'est
     Xavier Legrand. Jean est là ?
   ⊕Non, désolée, il est au
     cinéma.
   – Ça ne fait rien. Merci,
     madame et bonne soirée !
   ⊕Merci. Au revoir, Xavier !

4.

7.2 Prendre rendez-vous
Arranging to Meet

In each of the following dialogues you will find one sentence that doesn't belong. Cross it out.

---

1. – Allô ?
   ⊕ Bonjour, Gina ! C'est Marc.
   – Salut, Marc !
   ⊕ Tu es libre demain après-midi ?
   – Oui, qu'est-ce que tu veux faire ?
   ⊕ J'ai envie d'aller au mini-golf. Et toi ?
   – D'accord. Tu viens me chercher ?
   ⊕ A 1 heure et demie, ça va ? Vous vous lavez les mains.
   – Oui, ça va. Alors, à demain ! Je te fais une bise !
   ⊕ Moi aussi. A demain !

---

2. – Bonjour, monsieur.
   ○ Bonjour, monsieur. Je voudrais faire une visite guidée des caves de champagne. Il y a une visite tous les après-midi. Vous avez envie de venir avec moi ?
   – Oui, c'est une bonne idée. La visite commence à quelle heure ? Il faut du sel ?
   ○ Elle commence à 15 heures et dure presqu'une heure.
     On se donne rendez-vous à 14 heures 30 en face de la réception ?
   – D'accord, à cet après-midi.
   ○ A cet après-midi.

---

3. – Allô ?
   ⊕ Allô, maman ? C'est Martine.
   – Bonjour, ma chérie. Ça va ?
   ⊕ Maman, je suis désolée de te déranger au bureau. Avec cette grève des trains, je ne sais pas comment rentrer à la maison ce soir. J'aime la viande bien cuite. Tu es en voiture ?
   – Oui, pas de problème. On se donne rendez-vous vers 16 heures, à la porte de la Villette devant le café. Ça te va ?
   ⊕ Oh, oui ! C'est vraiment gentil ! Je te remercie.
   – Bon, à tout à l'heure ! Je te fais une bise !
   ⊕ Oui, moi aussi. A tout à l'heure !

7.3

A une fête
At a Party

Two old friends meet at a party. If you want to know what they talk about, fill in the blanks in the dialogue with the words below.

va	célibataire	aime	restée	présente	s'appelle	est	verre
suis	Salut	prof	danser	enchanté	marié	ans	bien

Daniel : Bonjour, François ! Comment ça _va_ ?

François : _____ , Daniel ! Ça va _____ , merci. Tu es toujours prof
d'anglais ?

Daniel : Oui, je suis _____ à Reims depuis deux ans. Et toi ?

François : Je _____ technicien dans une usine près de Paris.
C'est un travail intéressant. Tu es toujours _____ ?

Daniel : Non, je suis marié depuis un an et demi. Ma femme _____
Anne, elle _____ Américaine. Nous nous sommes rencontrés à Boston.
Et toi, tu es _____ ?

François : Je suis marié depuis deux _____ et demi et nous avons une
petite fille qui s'appelle Sophie. Malheureusement, Sophie est malade,
alors ma femme est _____ à la maison.

Daniel : C'est dommage ! Viens, je vais te présenter Anne. Anne, je te
_____ un ami, François Daubert. Voici Anne, ma femme.

François : Bonjour, _____ . Alors, vous avez quitté Boston pour
venir à Reims. Ça vous plaît ?

Anne : Bonjour. Oui, j' _____ beaucoup la ville et sa région. C'est près
de Paris, c'est loin de Boston et puis, j'adore le
champagne !

François : Vous avez raison. Vous voulez _____ , Anne ?

Anne : Oui, volontiers !

Daniel : Et moi, je vais chercher un _____ de vin pour chacun ! A tout de
suite !

7.4 A la gare et à l'aéroport
At the Train Station and at the Airport

What would you say in French in the following situations?

a. Je voudrais un ~~aller simple Lille–Lyon~~.
b. Je voudrais un compartiment non-fumeur.
c. Il faut changer ?
d. Je voudrais faire une réservation.
e. Il y a une correspondance le dimanche soir ?
f. Le vol AF 611 est annulé ?
g. Le billet pour Lyon coûte combien ?
h. Quand est-ce qu'il y a un avion pour Madrid ?

What do you say when ...

1. You would like to buy a one-way train ticket from Lille to Lyon?

   Je voudrais un aller simple Lille—Lyon.

2. You ask someone whether you have to change trains?

3. You ask someone when there's a plane to Madrid?

4. You ask whether Flight AF 611 has been canceled?

5. You ask whether there's a connection on Sunday evening?

6. You would like to make a reservation?

7. You ask how much a ticket to Lyon costs?

8. You would like a nonsmoking compartment?

Faire des courses
Going Shopping

a) Using the sentences below, fill in the gaps in the dialogue.

> 1. ~~Bonjour, monsieur ! Vous désirez ?~~
> 2. Merci. Alors ... 41 F ... et 59 F qui font 100 F. Merci, monsieur, et bonne journée !
> 3. Voilà une belle tranche. Et avec ça ?
> 4. Ça fait 41 F, monsieur. Je vous donne un sac ?

A la charcuterie.

Le client :	Bonjour, madame !
La vendeuse :	*Bonjour, monsieur ! Vous désirez ?*
Le client :	Je voudrais une tranche de pâté, s'il vous plaît !
La vendeuse :	_____
Le client :	C'est tout, merci. Ça fait combien ?
La vendeuse :	_____
Le client :	Non, merci. Voilà 100 F.
La vendeuse :	_____
Le client :	Merci. Au revoir, madame !

b) These sentences are not in the right order. Still, you won't have a hard time putting them into the right sequence.

Au rayon fromage, dans une queue.

1	*Le vendeur :*	a. C'est à vous, madame ?
2	*La cliente :*	b. Oui, c'est à moi. Je voudrais deux camemberts bien faits, s'il vous plaît.
☐	*Le vendeur :*	c. Et voilà deux camemberts bien faits. Avec ceci ?
☐	*La cliente :*	d. Ça ne fait rien. Je vous dois combien ?
☐	*Le vendeur :*	e. Désolé, je n'ai plus de Roquefort, madame.
☐	*La cliente :*	f. Vous avez du Roquefort ?
☐	*Le vendeur :*	g. C'est juste, je vous remercie. Au revoir, madame !
☐	*La cliente :*	h. Voici 29 F.
☐	*Le vendeur :*	i. Ça fait 29 F, madame.
☐	*La cliente :*	j. Au revoir, monsieur.

7.6 Les vêtements
Clothing

"Il est habillé comme un épouvantail." He is dressed like a scarecrow. Cross out the sentences that don't go with the picture.

1. Il porte une cravate.

2. La veste est trop étroite.

3. Le costume lui va bien.

4. Le chapeau est trop grand.

5. La veste est élégante.

6. C'est très chic.

7. Les chaussures sont trop petites.

8. Les manches sont trop courtes.

9. Les chaussures sont trop grandes.

10. Il porte une jupe.

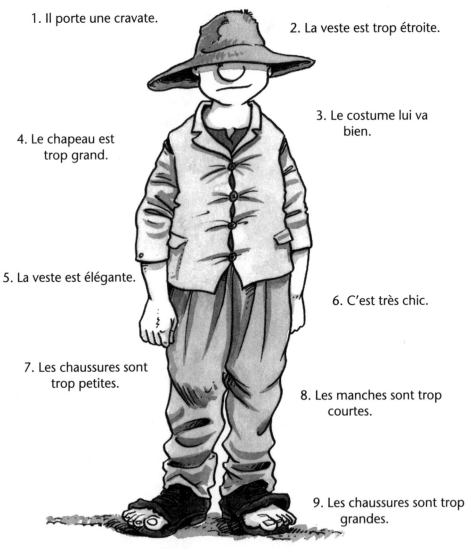

Commander un repas

Ordering a Meal

Read the menu, and then fill in the missing words in the dialogue.

ENTRÉE

Salade de saison
ou pâté de campagne
ou soupe de tomates

PLAT PRINCIPAL

Steak grillé avec pommes de terre
et haricots verts
ou
Truite avec riz et légumes

PLATEAU DE FROMAGE

ou

DESSERT

Crème au caramel
ou coupe de glace
ou tarte aux pommes

Prix du menu : 90 F. Service compris.

⊕ Bonjour, monsieur. Vous désirez ?

– Je voudrais un _menu_ à 90 F, s'il vous plaît.

⊕ Oui. Vous avez déjà choisi ?

– Comme _____ , je voudrais une salade.
Ensuite, je vais _____ un steak grillé.

⊕ Alors, une _____ de saison et un steak grillé. Bien
cuit, à point ou _____ le steak ?

– A point, s'il vous plaît !

⊕ Et vous désirez _____ ?

– Vous avez du vin en pichet ?

⊕ Oui, monsieur. Je vous recommande notre Beaujolais.

– D'accord, j'aimerais un quart de _____ rouge et une carafe
d'eau.

⊕ Un quart de vin et une carafe d'eau. Vous préférez
attendre pour le fromage et pour le _____ ?

– Non, non. Je vais prendre un morceau de _____ aux
pommes.

⊕ Merci, monsieur. Je vous apporte le Beaujolais tout de suite !

menu
boire
saignant
entrée
vin
tarte
prendre
dessert
salade

7.8 Demander son chemin

Asking for Directions

Read the dialogue in its entirety, and then mark the way described. Which letter designates the hotel?

- Pardon, madame. Je cherche l'hôtel du Cheval blanc, s'il vous plaît ?
- ~ Ce n'est pas dans ce quartier. Vous avez un plan de la ville ?
- Oui, ici.
- ~ Regardez ... Alors, là-bas, après l'église, vous tournez à droite. Vous continuez tout droit. Vous passez devant un grand supermarché. Vous arrivez à un carrefour : là, vous tournez à gauche. Tout de suite après, il y a un rond-point : au rond-point, vous prenez la deuxième à droite. C'est la direction de Joinville, je crois.
- Ah oui, c'est ici !
- ~ Ensuite, vous allez tout droit. Vous passez sur un pont. Après le pont, à droite, c'est l'hôtel du Cheval blanc.
- Merci beaucoup, madame. Au revoir.
- ~ De rien. Au revoir, monsieur.

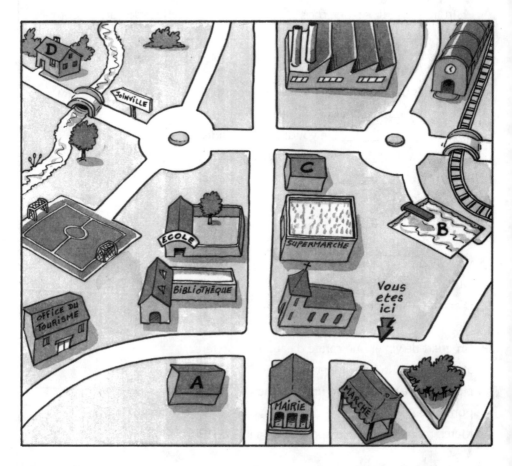

Partir en vacances

Going on Vacation

Read the ads, and then decide where each group will have the best time on vacation. Match the locations with the pictures.

a. _____

b. _____

c. _____

LOCATIONS. Offres

1. Antibes villa 6 pers. près de plage de sable, jardin, garage, juill. à sept., la semaine 3000 F.
Tél. 02.99.78.22.11

2. Hôtel Biarritz, mer, piscine, sauna voile, surf, pêche, pension complète (ou demi-pension), la sem. 1200 F par pers. Réservation et informations, tél ou fax 03.42.75.67.33

3. Studio banlieue parisienne, 35 m², cuisine-bar, balcon, 3000 F par mois avec charges. Tél. 01.65.14.42.81

4. Bel appartement Val d'Isère, 2 pers., nature, randonnées, nombreuses possibilités sortir le soir. Libre août. 1500 F la semaine. Tél. 04.51.99.34.79 après 20 h

7.10 A l'hôtel
At the Hotel

Use the sentences below to complete the dialogue.

a. ~~Bonjour, Monsieur-dame ! La réservation est à quel nom ?~~
b. Très tranquille, monsieur.
c. On sert le petit-déjeuner de 7 heures à 10 heures dans la salle à manger.
Remplissez cette fiche, s'il vous plaît ! Voilà votre clé !
d. M. et Mme Berger ... Oui, une chambre pour deux personnes, avec douche et toilettes.
e. Je vous en prie, Monsieur-dame. Bonne soirée !

M. Berger : Bonjour, monsieur. J'ai réservé une chambre pour deux personnes.

L'employé : *Bonjour, Monsieur-dame !*
La réservation est à quel nom ?

M. Berger : Monsieur et Madame Berger.

L'employé : _____

_____

M. Berger : Est-ce que la chambre est tranquille ?

L'employé : _____

M. Berger : Le petit-déjeuner est à quelle heure ?

L'employé : _____

_____

_____

M. Berger : Merci beaucoup, monsieur.

L'employé : _____

7.11 Réclamations
Complaints

What do you say in the following situations? Fill in the blanks.

a. Il n'y a pas d'eau chaude.

b. La douche est bouchée.

c. Il y a une erreur dans la note.

d. Le thé est froid.

e. Ce n'est pas ma clé.

f. Il n'y a plus de sucre.

g. Il n'y a pas de lumière.

h. Je n'ai pas de couteau.

i. Le téléphone ne marche pas.

j. Il y a trop de bruit !

k. La télévision ne marche pas.

In Your Hotel Room

1. There is no hot water.   *Il n'y a pas d'eau chaude.*

2. The light doesn't work.   _____

3. The shower is clogged.   _____

4. The telephone doesn't work.   _____

5. It's too noisy.   _____

6. The television doesn't work.   _____

At the Breakfast Table

7. The tea is cold.   _____

8. You don't have a knife.   _____

9. There's no more sugar.   _____

At the Reception Desk

10. There's a mistake in the bill.   _____

11. That's not your key.   _____

7.12 A la recherche d'un appartement
Looking for an Apartment

a) In the left-hand column are common abbreviations. Match them with the complete expressions on the right. Then write the English equivalent in the blank.

all comforts and conveniences	costs included	well-equipped kitchen
central heat	floor	very good condition

1. tt. conf.
2. c.c.
3. cuis.éqp.
4. t.b.é.
5. chauff.coll.
6. ét.

a. charges comprises _____
b. étage _____
c. très bon état _____
d. cuisine équipée _____
e. tout confort *all comforts and conveniences*
f. chauffage collectif _____

If you read the classified ads in French newspapers to find an apartment, you'll surely notice that there are categories such as F1, F2, and so forth. F4 means that an apartment has three bedrooms, a kitchen, a bathroom, and a living room with a dining area.

b) Fill in the blanks in the dialogue with the appropriate words.

annonce	comprises	visiter	loyer	libre	caution

Orléans F2
libre de suite,
1500 F/mois,
caution 3000 F
Agence Immo
Fax et tél.
05.33.11.76.90

⊕ Agence Immo, bonjour !

– Ici, M. Varel. Bonjour, madame ! J'ai lu votre _annonce_ , un F2 à louer à Orléans : il est encore _____ ?

⊕ Oui, monsieur, un beau F2 de 50m^2.

– Est-ce que je peux le _____ ?

⊕ Bien sûr. Cet après-midi, à 17 heures, si vous voulez ? C'est au 2, rue Gambetta.

– D'accord. Est-ce que les charges sont _____ ?

⊕ Oui, le _____ est de 1500 F, toutes charges comprises. Il y a aussi une _____ de 3000 F.

– Bien, je vous remercie. Au revoir, madame !

⊕ Au revoir, monsieur.

7.13 Chercher du travail
Looking for a Job

a) Pierre found the following ad on the Minitel. Read it through, and then fill in the missing information.

~~serveuses~~

salaire

références

allemand

Café-Bar-Restaurant "Le Lavandou"
cherche serveurs / _serveuses_
connaissances d'anglais
et d'_____,
pour l'été, mi-temps possible,
bon _____ + pourboires.
Téléphoner ou se présenter après 19
h avec _____
Tél. 04.97.33.33.81

b) Pierre is interested in the job, and he calls to apply for it. Complete the dialogue with the appropriate words.

~~cherche~~   dans   comment   parlez   présenter

Pierre : Allô ? Bonjour. C'est bien le restaurant "Le Lavandou" ?

M. Louis : Oui, bonjour, monsieur.

Pierre : Bonjour, monsieur. Pierre Lebrac à l'appareil. Je _cherche_ un travail de serveur pour l'été.

M. Louis : Vous _____ anglais et allemand ? Vous avez des références ?

Pierre : Oui, je suis trilingue et j'ai déjà travaillé _____ un café.

M. Louis : D'accord. Vous pouvez vous _____ quand ?

Pierre : Je peux venir mercredi soir.

M. Louis : Vous vous appelez _____ ?

Pierre : Pierre Lebrac.

M. Louis : Bon, je vous attends mercredi soir. Au revoir, monsieur.

Pierre : Merci, monsieur. Au revoir.

7.14 Au cabinet médical
At the Doctor's Office

 In France, physicians are customarily addressed as *docteur*.

Read the passage, and then answer the questions with vrai or faux.

Avoir mal aux dents ou être malade est toujours désagréable surtout si on est en vacances à l'étranger !

N'allez jamais chez le docteur sans votre porte-monnaie, votre carte d'assuré ne suffit pas ! En effet, en France, le patient paie directement le médecin à la fin de la consultation. Vous recevez alors une feuille de soins avec le nom du médecin et la somme que vous avez payée. Sur une autre feuille, l'ordonnance, il écrit les noms des médicaments que vous devez acheter.

Pour avoir les médicaments, vous allez à la pharmacie. Là encore, il faut payer tout de suite. A la maison, vous collez les vignettes, qui sont sur les médicaments, dans la feuille de soins.

Vous l'avez déjà compris ! Pour vous faire rembourser aux Etats-Unis, vous devez envoyer la feuille de soins avec les vignettes à votre assurance maladie !

	vrai	faux
1. En France, il faut payer le docteur tout de suite.	✕	
2. La carte d'assuré américaine suffit.		
3. Il ne faut pas payer les médicaments tout de suite.		
4. Le médecin vous donne une ordonnance.		
5. Il faut coller les vignettes dans la feuille de soins.		
6. Il faut envoyer la feuille de soins à votre assurance.		
7. On achète les médicaments à la pharmacie.		

Chapter 8

Grammaire
Grammar

1. Grammatical rules are important tools for learning a language.

To put words together in a sentence correctly, you need grammatical rules. Always learn grammatical constructions along with examples, so that you can better remember the rules of grammar.

2. Practice new rules of grammar as you learn them.

Practice is essential if you want to have an active command of French and use grammatical constructions correctly.

3. Make grammar a part of your daily life.

On a large sheet of paper, write grammatical rules in the form of illustrative sentences or verb conjugations. Hang the sheet in areas of your home that you use daily and are likely to spend some time in: the bathroom, the kitchen, and so forth. Read through the constructions every day. After a certain length of time, you will have fixed the rules and conjugations in your memory *en passant*.

8.1   Le pluriel des substantifs

Noun Plurals

Most nouns form the plural by adding -*s*:

le verre	les verres,
la lettre	les lettres.

Nouns ending in -*au* and most nouns ending in -*al* use -*aux* as their plural ending:

l'eau	les eaux,
le cheval	les chevaux.

This flea-market table is filled with a great many things. Describe the ten kinds of goods that are for sale.

Sur la table, il y a ...

1. *des livres.*

2. _____

3. _____

4. _____

5. _____

6. _____

7. _____

8. _____

9. _____

10. _____

80

Substantif et adjectif
Noun and Adjective

In French, an adjective has to agree in number and gender with the noun it modifies, for example, *un appartement clair, une maison claire.*

On the basis of their form, which adjectives do not agree with the nouns below?

---

1. C'est un livre
   - ☒ a. chères.
   - ☐ b. intéressant.
   - ☐ c. ennuyeux.

6. C'est un cinéma
   - ☐ a. international.
   - ☐ b. tristes.
   - ☐ c. agréable.

---

2. C'est une ville
   - ☐ a. touristique.
   - ☐ b. européenne.
   - ☐ c. modernes.

7. C'est un repas
   - ☐ a. françaises.
   - ☐ b. léger.
   - ☐ c. froid.

---

3. C'est un pantalon
   - ☐ a. chaud.
   - ☐ b. noir.
   - ☐ c. blanche.

8. C'est une chaise
   - ☐ a. dure.
   - ☐ b. confortable.
   - ☐ c. vert.

---

4. C'est une personne
   - ☐ a. malheureux.
   - ☐ b. difficile.
   - ☐ c. heureuse.

9. C'est un quartier
   - ☐ a. calmes.
   - ☐ b. différent.
   - ☐ c. pauvre.

---

5. C'est une voiture
   - ☐ a. neuve.
   - ☐ b. étrangers.
   - ☐ c. allemande.

10. C'est un temps
    - ☐ a. sec.
    - ☐ b. fraîche.
    - ☐ c. froid.

Adjectif ou adverbe
Adjective or Adverb

Adjective or adverb? Generally, an adjective accompanies a noun or follows *être* as a predicate: *un bon repas* or *le repas est bon.*
An adverb, however, accompanies a verb and tells us more about it, as in *il parle bien allemand.*

Adjective or adverb? Mark the word that belongs in the sentence.

1. Il se sent	☐ a. bon ☐ b. bien	ce soir.
2. Luc joue	☐ a. mal ☐ b. mauvais	au tennis.
3. Le bus est	☐ a. complet ☐ b. complètement	après les matchs.
4. Cécile conduit	☐ a. lentement ☐ b. lente	en ville.
5. Elle parle	☐ a. rapide ☐ b. vite	au téléphone.
6. Marielle aime lire des histoires	☐ a. vraies. ☐ b. vraiment.	
7. Robert apprend	☐ a. facile ☐ b. facilement	le français.
8. C'est un	☐ a. longtemps ☐ b. long	voyage en voiture.

8.4 Les verbes et leur infinitif

Verbs and Their Infinitive

Remember that many endings aren't even heard. For example, the verbs in *je quitte,* *tu quitte, elle quitte,* and *elles quittent* are pronounced exactly the same. Therefore, if you want to learn the written forms, you need to know which endings to use.

Match these verb forms with their infinitives.

je ~~sers~~	j'éteins	je dois	elles conduisent
il tient	tu viens	vous croyez	tu vis
je vais	tu dors	ils écrivent	il sait
nous buvons	nous faisons	nous sommes	assieds-toi

1. servir	*je sers*	9. croire	_____
2. s'asseoir	_____	10. tenir	_____
3. conduire	_____	11. vivre	_____
4. écrire	_____	12. boire	_____
5. faire	_____	13. devoir	_____
6. éteindre	_____	14. être	_____
7. aller	_____	15. venir	_____
8. dormir	_____	16. savoir	_____

8.5 Verbes au présent
Verbs in the Present Tense

 Verb forms are important! Using an index card, write out each new verb, with all its forms. Then look at the card frequently, until you have committed the conjugation to memory.

Fill in the blanks with the correct forms of the verbs provided.

1. *Félix :* Salut, Gisèle ! Salut, Jean ! Vous *partez*_____ en
   vacances où ?
   partir

2. *Gisèle et Jean :* Bonjour, Félix ! Cette année, nous _____ au
   aller

   Canada. Nous _____ envie de visiter le Québec.
   avoir

3. *Félix :* Vous _____ comment au Canada ?
   voyager

4. *Gisèle et Jean :* Nous _____ l'avion jusqu'à Toronto et puis nous
   prendre

   _____ une voiture. Nous _____ faire du
   louer   vouloir

   camping, mais, dans les villes, nous _____ à
   dormir

   l'hôtel.

5. *Félix :* Tu _____ que j'____ un cousin qui _____
   savoir   avoir   être

   photographe à Québec. Je _____ lui téléphoner. Vous
   aller

   _____ peut-être rester quelques jours chez lui ?
   pouvoir

6. *Gisèle et Jean :* Vraiment ? Oh, merci ! Tu _____ très gentil !
   être

7. *Félix :* Il n'y _____ pas de quoi. Je _____ de tout,
   avoir   s'occuper

   mais vous m' _____ des cartes postales ! D'accord ?
   envoyer

8. *Gisèle et Jean :* Bien sûr. Et toi ? Qu'est-ce que tu _____ ?
   faire

9. *Félix :* Je _____ travailler, malheureusement ! Au revoir et
   devoir

   bonnes vacances !

10. *Gisèle et Jean :* Au revoir, Félix ! Bon courage !

8.6 Le futur proche
The Near Future

The near future can be expressed easily, with *aller* + an infinitive:
Il va venir (bientôt) He's going to come (soon).

In the shaded box, Corinne Müller tells us what she's planning to do tomorrow.
Write the futur proche *verb forms in the blanks on the right.*

Le matin, je travaille.	1. Le matin, je *vais travailler* .
A midi, je rentre manger à la maison.	2. A midi, je _____ manger à la maison.
Je fais des courses avec une amie.	3. Je _____ des courses avec une amie.
Les enfants reviennent de l'école vers 17 heures.	4. Les enfants _____ de l'école vers 17 heures.
Philippe rentre du travail à 18 heures.	5. Philippe _____ du travail à 18 heures.
Philippe et moi, nous faisons la cuisine.	6. Philippe et moi, nous _____ _____ la cuisine.
Mes parents arrivent pour dîner.	7. Mes parents _____ _____ pour dîner.
Nous mangeons tous ensemble.	8. Nous _____ tous ensemble.
Les enfants se couchent à 21 heures.	9. Les enfants _____ à 21 heures.
Mes parents partent vers 22 heures.	10. Mes parents _____ _____ vers 22 heures.
Nous nous couchons vers 23 heures.	11. Nous _____ vers 23 heures.

85

8.7 Phrases avec être en train de + infinitif

Sentences with être en train de + *Infinitive*

The progressive form can be used to indicate the progress of an action: *Il est en train de dormir.* He is sleeping right now.

Now ask yourself what the people in the pictures are doing, and then, with the pictures as a guide, use the verbs in the shaded box to answer the questions on the right.

~~prendre une douche~~	faire du ski	manger	téléphoner

1. – Qu'est-ce qu'il *est en train* de faire ?

   ≈ Il *est en train de prendre une douche.*

2. – Qu'est-ce que tu _____ de faire ?

   ≈ Je _____

3. – Qu'est-ce que vous _____ de faire ?

   ≈ Nous _____

4. – Qu'est-ce qu'elles _____ de faire ?

   ≈ Elles _____

8.8 Passé composé ou imparfait
Perfect or Imperfect

With the *passé composé* you can describe actions that occurred in the past: *Louis est allé faire des courses à Colmar, il a fini ses courses, il a dîné dans un petit restaurant, il a pris une assiette de choucroute et bu une bière alsacienne.*
To describe the surrounding conditions, that is, how the restaurant looked, what time it was, how Louis felt, how the meal tasted, we use the *imparfait: il était tard, il était fatigué, il avait faim, le restaurant était sympathique et la choucroute était très bonne.*
This story could be summarized as follows:
Samedi dernier, Louis est allé faire des courses à Colmar. Il a fini ses courses vers 20 heures. Il était tard, il était fatigué et il avait faim, alors il a dîné dans un petit restaurant. Il a pris une assiette de choucroute et bu une bière alsacienne. La choucroute était très bonne!

Using the past tense of the verbs provided, complete the passage below.

1. Dimanche dernier, Adrien et moi, nous ___*avons fait*___ une promenade dans

faire

les Pyrénées. 2. Samedi, nous _____ nos sacs et

préparer

j'_____ la météo : les nouvelles _____ bonnes. 3. Dimanche,

écouter   être

nous _____ tout de suite après le petit-déjeuner. 4. Dans nos

partir

sacs, nous _____ des pullovers, à boire et à manger. 5. A Gavarnie, il

avoir

_____ très beau. 6. Après deux heures de marche, nous _____

faire   arriver

en haut : il y _____ une vue superbe ! 7. Alors j'_____

avoir   prendre

quelques photos et Adrien _____ . 8. Ensuite nous

se reposer

_____ un casse-croûte. 9. Tout à coup, nous _____

manger   voir

des nuages qui _____ . 10. Alors, nous _____

arriver   se lever

et nous _____ très vite.

marcher

87

8.9 Indications de lieu

Indications of Place

Using the prepositions provided, describe the picture.

à côté du	à gauche du	derrière	sous	dans
en face du	à droite du	au bord de	sur	entre

1. La boucherie est _à côté du_ café.

2. La jeune femme est _____ la voiture.

3. Le chat est _____ la voiture.

4. La boulangerie est _____ restaurant.

5. Le restaurant est _____ magasin de chaussures.

6. L'oiseau est _____ l'arbre.

7. Le café est _____ la boucherie et le magasin de chaussures.

8. Le garçon est _____ la rivière.

9. Le magasin de chaussures est _____ café.

10. Le chien est _____ l'arbre.

8.10 Quelques prépositions
Some Prepositions

Pay attention to the prepositions used with the names of countries. If you want to indicate a destination or a location in a country whose name is feminine, all you need is the preposition *en*:
Je vais en France. Il est en Autriche.
With masculine country names, use *à* + an article:
Il va au Portugal et puis aux Etats-Unis.

a) Fill in the blanks with en, au, or aux.

1. André voyage beaucoup. Il va souvent _____ Belgique, _____ Allemagne,
   _____ Danemark, _____ Hollande, _____ Japon et _____ Canada.
2. En ce moment, il habite _____ Etats-Unis mais il veut aller habiter
   _____ Espagne, _____ Portugal ou _____ Italie.

b) Fill in the appropriate prepositions.

pour	du	à la	chez	aux	du	à
à l'	avec	de	au	sans	à	de

1. Il y a une lettre *pour* toi !

2. Est-ce que tu viens _____ moi _____ cinéma ?

3. J'achète mon pain _____ le boulanger.

4. Paul revient _____ travail _____ 18 heures.

5. Lucie va _____ boucherie.

6. Les Rapp habitent _____ Cologne.

7. Eugénie prend toujours son thé _____ sucre.

8. Ils reviennent _____ Rome.

9. Jacques fait _____ volleyball.

10. C'est une bouteille _____ lait.

11. Ils vont souvent _____ église.

12. Ils jouent _____ cartes.

8.11 La quantité
Quantity

Keep in mind that the partitive article is used to express quantity in French, as in this example:

> *Pour faire un gâteau, il faut de la farine, du lait, des oeufs et du sucre.*
> To bake a cake, you need flour, milk, eggs, and sugar.

a) A few ingredients are missing in Madame Dubois's kitchen. Fill in the blanks with the missing partitive articles.

Il manque _du_ fromage, _____ vin, _____ pommes, _____ champignons,

_____ pâté, _____ farine, _____ pommes de terre et _____ haricots.

b) This shopping list has a few things missing. Using the pictures, complete it with the corresponding indications of quantity.

Il faut acheter . . .

1) _un morceau_ de Brie.

2) _____ de rosé.

3) _____ de pommes.

4) _____ de champignons.

5) _____ de pâté.

6) _____ de farine.

7) _____ de pommes de terre.

8) _____ de haricots.

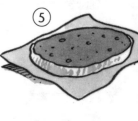

8.12 La question avec est-ce que

Questions with est-ce que

Using *est-ce que* in a question is always correct and important.

Françoise Noblet meets Michel Dubois at a continuing education course. Formulate the questions that Françoise asks Michel. We've supplied Michel's answers for you.

1. *Françoise :* <u>*Comment est-ce que tu t'appelles*</u> ?

   Michel : Je m'appelle Michel Dubois.

2. *Françoise :* _____ ?

   Michel : J'habite à Limoges.

3. *Françoise :* _____ ?

   Michel : Oui, j'aime beaucoup Limoges.

4. *Françoise :* _____ ?

   Michel : Oui, je suis professeur d'espagnol.

5. *Françoise :* _____ ?

   Michel : Je suis professeur parce que j'aime les enfants et l'Espagne.

6. *Françoise :* _____ ?

   Michel : Oui, je parle anglais et espagnol.

7. *Françoise :* _____ ?

   Michel : Oui, je suis déjà allé en Angleterre en 1989 et en 1992.

8. *Françoise :* _____ ?

   Michel : Non, je ne connais pas Manchester.

9. *Françoise :* _____ ?

   Michel : Oui, j'ai visité Oxford.

   Françoise : Oh ! Dépêchons-nous ! Le cours va commencer.

8.13 Les pronoms relatifs

Relative Pronouns

Watch out: Before a vowel or a silent *h*, *que* becomes *qu'*.

Qui est-ce? Who is it? Complete the sentences with the relative pronoun qui or que. Then write the names of the people we're trying to identify.

---

1. C'est un homme ___*qui*___ est né à Jarnac, en France, en 1916.

   _____ tous les Français connaissent bien.

   _____ aimait la politique, la littérature et la nature.

   _____ M. Helmut Kohl aimait beaucoup.

   _____ a été deux fois Président de la République.

   _____ est mort le 8 janvier 1996 à Paris.

   Qui est-ce ? C'est _____ .

---

2. C'est une femme _____ est née à Paris en 1943.

   _____ est actrice.

   _____ a une fille de Marcello Mastroianni.

   _____ on voit souvent dans des films français.

   _____ a reçu un oscar pour le film "Le Dernier Métro".

   _____ on connaît dans le monde entier.

   Qui est-ce ? C'est _____ .

8.14 Les adjectifs possessifs
Possessive Adjectives

Remember that possessive adjectives agree in gender and number with the object possessed: *mon père*, but ma *mère*.

a) Fill in the blanks in the table with the missing possessive forms.

	masculin singulier	féminin singulier	pluriel
je	*mon* livre	_____ valise	_____ amis
tu	_____ livre	_____ valise	*tes* amis
il / elle	*son* livre	_____ valise	_____ amis
nous	_____ livre	*notre* valise	_____ amis
vous	*votre* livre	_____ valise	_____ amis
ils / elles	_____ livre	*leur* valise	_____ amis

b) Which noun doesn't go with the possessive adjective in each of the boxes below? Mark the noun that doesn't belong.

1. mon
   - ☐ a. frère
   - ☐ b. sœur
   - ☐ c. ami

2. sa
   - ☐ a. pension
   - ☐ b. vie
   - ☐ c. verre

3. tes
   - ☐ a. jambe
   - ☐ b. dents
   - ☐ c. cheveux

4. leurs
   - ☐ a. enfants
   - ☐ b. meubles
   - ☐ c. sentiment

5. vos
   - ☐ a. voyages
   - ☐ b. revue
   - ☐ c. vacances

6. ses
   - ☐ a. carnet
   - ☐ b. prix
   - ☐ c. lunettes

7. notre
   - ☐ a. congés
   - ☐ b. ticket
   - ☐ c. sécurité

8. ton
   - ☐ a. linge
   - ☐ b. ménage
   - ☐ c. carte

9. votre
   - ☐ a. réunion
   - ☐ b. pieds
   - ☐ c. examen

8.15 La négation
Negation

Remember that a French negation has two parts, one preceding and one following the conjugated verb:

Il ne vient pas   Il n'est pas venu.

Using the negations provided below, fill in the blanks.

n'... plus	n'... pas	ne... personne	ne... rien	n'... jamais
ne... plus	n'... rien	n'... personne	ne... pas	

1. Est-ce qu'il y a encore de la viande ?

   Non, désolé ! Il _n'_ y a _plus_ de viande.

2. Est-ce que les Martin viennent aussi ?

   Malheureusement, les Martin _____ viennent _____ .

3. Ils ont souvent pris l'avion ?

   Non, ils _____ ont _____ pris l'avion.

4. Est-ce que tu vois quelqu'un au guichet ?

   Non, je _____ vois _____ au guichet.

5. Elle veut quelque chose à manger ?

   Non, elle _____ veut _____ à manger.

6. Est-ce qu'il a mal à la gorge ?

   Non, il _____ a _____ mal à la gorge.

7. Tu invites quelqu'un pour ton anniversaire ?

   Non, je _____ invite _____ pour mon anniversaire.

8. Elle achète quelque chose ?

   Non, elle _____ achète _____ .

9. Ton père travaille encore ?

   Non, il _____ travaille _____ depuis 1995.

8.16 La comparaison
Comparison

Forming the comparative is quite easy. Use *plus…que* or *moins…que* to form the comparative degree of adjectives. The adjective is followed by *que*.

a) Using the adjectives provided, compare the various people or things below.

1. la France / le Liechtenstein / grand
   La France est *plus grande que le Liechtenstein* .

2. Christine (1,44 m) / Michelle (1,56 m) / petit
   Christine est _____ .

3. Lucien (69 ans) / Aline (70 ans) / vieux
   Lucien est _____ .

4. le champagne / le vin de table / cher
   Le champagne est _____ .

5. le vélo / l'avion / rapide
   Le vélo est _____ .

6. les Alpes / les Vosges / haut
   Les Alpes sont _____ .

b) Qui est-ce? First underline the superlatives that you find in the text. Then identify the person described.

A mon avis, c'est …

1. un des pères de famille les plus heureux.

2. un des hommes d'affaires les plus connus.

3. un des acteurs les mieux payés.

4. un des Autrichiens les plus riches.

5. l'Autrichien le plus musclé des Etats-Unis.

Qui est-ce ? C'est _____ .

Chapter 9

Jeux
Games

1. Learn French while having fun.

As a child, you learned a great many things as you played! Put that ability to good use, and improve your knowledge of French painlessly, with the help of games and puzzles.

2. Word games are fun, and they will expand your vocabulary.

If you enjoy word games, it's a good idea to play as many as possible, so that you can consolidate and expand your vocabulary.

9.1 Le serpent de lettres

The Letter Snake

Fill in the snake by translating the words in the shaded box. The last letter of each word is simultaneously the first letter of the following word.

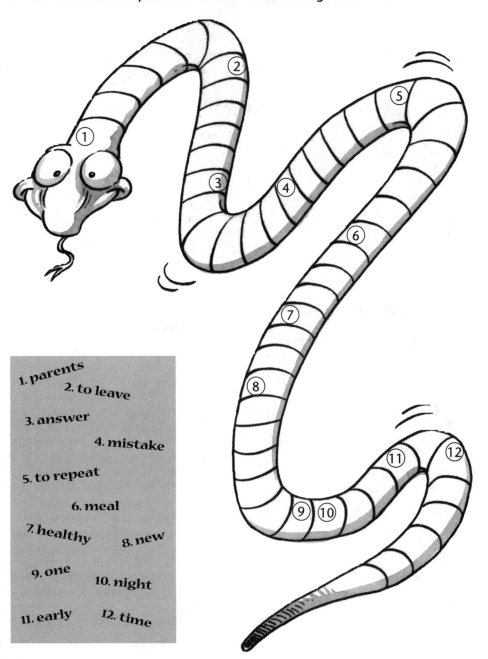

1. parents
2. to leave
3. answer
4. mistake
5. to repeat
6. meal
7. healthy
8. new
9. one
10. night
11. early
12. time

9.2 Trios et pyramides
Trios and Pyramids

Problem 1

*Two letters are missing from each word in the groups of three below. Which ones?
Fill in the blanks with letters from the shaded boxes.*

an
in
en

① d _ent_

s _ _ t

v _ _ t

② ch _ _ ce

ch _ _ ge

ch _ _ te

③ v _ _ gt

v _ _

enf _ _

oi
er
on

④ f _ _ t

p _ _ t

b _ _

⑤ v _ _ t

v _ _ re

v _ _ s

⑥ v _ _ t

v _ _ e

v _ _ x

Problem 2

*Fill in the word pyramids, using the English words as a guide. To form new words,
add only one letter each time, going from top to bottom. You can change the
order of the letters, or you can add or delete accents.*

a)

1. she **has**	4. **but**
2. **my**	5. **friends**
3. **May**	*(fem.)*

1.

2.

3.

4.

5.

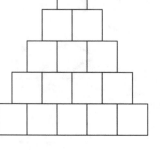

b)

1. **and**	3. **head**
2. **summer**	

1.

2.

3.

Cubes magiques
Magic Cubes

a) Using these groups of letters, form ten words. The shaded areas will show you the two possible endings.

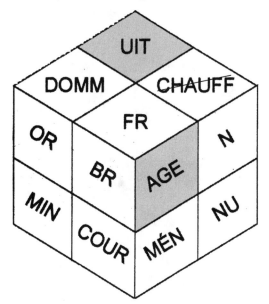

chauffage

_____

_____

_____

_____

_____

_____

_____

_____

_____

b) Now form ten verbs in the same way.

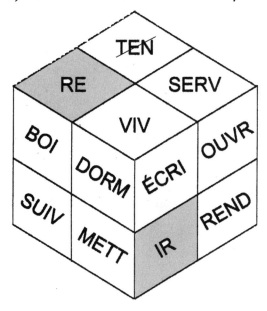

tenir

_____

_____

_____

_____

_____

_____

_____

_____

_____

Mots croisés
Crossword Puzzle

Translate the words and information given below into French, and enter your answers into the squares of the crossword puzzle.

Rien de neuf !

Horizontalement
1. stamp
4. unhappy
8. she **sends**
10. year
11. you **decide**
14. **black** *feminine plural*
16. **from** Rome
17. known
18. you **hold** *plural*
20. soap
22. you **are** *singular*
23. she **has**
24. new

Verticalement
1. she **holds**
2. middle
3. **in** France
4. **my** *masculine singular*
5. **the** *masculine singular*
6. reason
7. **a, an** *feminine singular*
9. he **goes**
11. *plural of* **un, une**
12. dune
13. thirst
15. he washes **himself**
19. you **are** *singular*
21. I **have**

Test 1
Test 1

You can use Test 1 to test your mastery of Chapter 1 and Chapter 2.

Which words or expressions complete the sentences below? In each case, there are two correct answers. Mark both with an "x."

1. Bon...
   - ☐ a. courage !
   - ☐ b. les courses !
   - ☐ c. appétit !

2. Il fait...
   - ☐ a. chaud.
   - ☐ b. froid.
   - ☐ c. faim.

3. Ils vont au...
   - ☐ a. musée.
   - ☐ b. l'ordinateur.
   - ☐ c. théâtre.

4. Cette valise est...
   - ☐ a. s'asseoir.
   - ☐ b. vide.
   - ☐ c. pleine.

5. Ils cherchent...
   - ☐ a. l'entrée.
   - ☐ b. la sortie.
   - ☐ c. ferment.

6. Elle sait...
   - ☐ a. la piscine.
   - ☐ b. lire.
   - ☐ c. parler allemand.

7. Le matin, Lucie prend...
   - ☐ a. un café.
   - ☐ b. les yeux.
   - ☐ c. un thé.

8. Elle allume...
   - ☐ a. la porte.
   - ☐ b. la lumière.
   - ☐ c. le feu.

9. Ils vont au cinéma...
   - ☐ a. le vendredi.
   - ☐ b. il est six heures.
   - ☐ c. à Nice.

10. Dans les Alpes, il neige...
    - ☐ a. en décembre.
    - ☐ b. en février.
    - ☐ c. en juillet.

11. Est-ce que tu me prêtes...
    - ☐ a. le premier août ?
    - ☐ b. six assiettes ?
    - ☐ c. trente francs ?

12. Bonne...
    - ☐ a. année !
    - ☐ b. félicitations !
    - ☐ c. fête !

Test 2

Test 2

Test 2 will check your command of the material in Chapter 3.

Which answer fits the question? Cross out the incorrect answer.

1. Est-ce que Sophie est Belge ?
   a. Non, Sophie est Française.
   b. ~~Oui, Sophie est Italienne.~~

2. Martine est infirmière. Elle travaille où ?
   a. Elle travaille dans un magasin.
   b. Elle travaille dans un hôpital.

3. Est-ce que Gérard et Mathilde ont des enfants ?
   a. Oui, ils ont deux filles et un fils.
   b. Oui, ils ont un père et une mère.

4. Marc a les cheveux longs ?
   a. Oui, il est très grand.
   b. Non, il a les cheveux courts.

5. Il y a un bureau dans ta chambre ?
   a. Il y a une salle à manger, une salle de bains et une cuisine.
   b. Il y a un bureau, un lit, deux chaises et beaucoup de livres !

6. Vous aimez les chats ?
   a. J'aime beaucoup les chats.
   b. Je m'inquiète beaucoup.

7. Est-ce que tu vas au cinéma avec nous ?
   a. Non, merci. Je fais du bricolage.
   b. Oui, elle fait de la photo.

8. On fait du ski le week-end prochain ?
   a. Oui, nous avons une planche à voile.
   b. Oui, il y a beaucoup de neige en montagne.

9. Comment est-ce que tu vas de Paris à Rome ?
   a. Je vais à Rome en avion.
   b. Je vais à Rome en métro.

10. Où est l'office du tourisme, s'il vous plaît ?
    a. Il est au centre ville entre la mairie et une banque.
    b. Il y a un garage près du port.

Test 3

Test 3

Using Test 3, you can test your understanding of Chapters 4, 5, and 6.

Mark the right word or expression with an "x," and then write it in the blank.

1. Pour faire du pain, il faut *de la farine* .
   - ☐ a. promettre
   - ☒ b. de la farine
   - ☐ c. facilement

2. Luc passe _____ le mois d'août en Normandie.
   - ☐ a. viennent
   - ☐ b. simple
   - ☐ c. tranquillement

3. Gisèle est _____ au garage du village.
   - ☐ a. employée
   - ☐ b. pharmacien
   - ☐ c. prof

4. C'est une veste avec une _____ .
   - ☐ a. hors-d'œuvre
   - ☐ b. fermeture éclair
   - ☐ c. rez-de-chaussée

5. Monique est de _____ humeur.
   - ☐ a. bonne
   - ☐ b. cette
   - ☐ c. bien

6. Pascale _____ son pullover rouge.
   - ☐ a. passons
   - ☐ b. est
   - ☐ c. met

7. Michel _____ un jus de fruit.
   - ☐ a. rendent
   - ☐ b. prend
   - ☐ c. faisons

8. Les Martin _____ un nouvel appartement.
   - ☐ a. cherchent
   - ☐ b. font
   - ☐ c. trouves

9. Il _____ 36 ans.
   - ☐ a. est
   - ☐ b. ai
   - ☐ c. a

Test 4

Test 4

You can use Test 4 to test your mastery of Chapter 7.

How would the person you're talking to answer your question? Mark the appropriate response with an "x."

1. Bonjour, Robert!
   - ☐ a. Salut ! A demain !
   - ☐ b. Bonjour, Paul.

2. Vous êtes libre lundi soir ? Vous voulez venir au cinéma avec nous ?
   - ☐ a. Volontiers. Quel film est-ce que vous allez voir ?
   - ☐ b. Volontiers, j'aime la nature.

3. Bonjour, madame. Comment allez-vous ?
   - ☐ a. Bien, merci. Et vous ?
   - ☐ b. Bien, merci. C'est dommage.

4. Je voudrais deux billets pour Reims, s'il vous plaît.
   - ☐ a. Désolé, je ne sais pas où est l'aéroport.
   - ☐ b. Oui, vous voulez un compartiment non-fumeur ?

5. Vous prenez ce pantalon, monsieur ?
   - ☐ a. Non, il est trop étroit.
   - ☐ b. Cette veste est trop grande.

6. Bonjour, madame. Vous désirez ?
   - ☐ a. Nous n'acceptons pas les cartes bancaires.
   - ☐ b. Je prends un café et un morceau de tarte au citron.

7. Pardon, madame ! Je cherche la piscine, s'il vous plaît.
   - ☐ a. Les banques sont fermées le dimanche.
   - ☐ b. Vous prenez la troisième rue à gauche. C'est là.

8. Je voudrais louer un appartement pour les vacances.
   - ☐ a. Oui. Où, quand et pour combien de personnes, monsieur ?
   - ☐ b. La chambre n'est pas réservée.

9. Vous cherchez du travail pour les fêtes de fin d'année ?
   - ☐ a. J'aime les congés payés.
   - ☐ b. Oui, je cherche du travail dans un grand magasin.

Test 5

Test 5

Using Test 5, you can check your knowledge of the material in Chapter 8.

Exercise 1

Read the passage and make the adjectives agree with the nouns they modify.

1. Cette année, pour le carnaval, je mets un pullover ___*jaune*___ ,
_{jaune}
un pantalon _____ , des chaussettes _____ , des
_{orange} _{vert}
chaussures _____ , une veste _____ et une cravate
_{rouge} _{blanc}
_____ . 2. Le pantalon est trop _____ , la veste est
_{bleu} _{grand}
trop _____ , les chaussures sont _____ et la cravate
_{petit} _{vieux}
est beaucoup trop _____ . Je suis un clown !
_{long}

Exercise 2

*Using the verbs provided, complete the passage. Use the **présent**, the **imparfait**, the **passé composé**, or the **futur proche**.*

1. En mai, nous ___*avons passé*___ trois jours à Prague.
_{passer}
2. Nous _____ un hôtel confortable et les gens
_{avoir}
_____ très sympathiques. 3. Dans la vieille ville,
_{être}
nous _____ et nous
_{se promener}
_____ de très belles églises. 4. Nous
_{visiter}
_____ le pont Charles et le château :
_{voir}
ils _____ très beaux ! 5. Les restaurants
_{être}
du centre _____ un peu chers, mais les vêtements
_{être}
_____ très bon marché. 6. L'année prochaine, nous
_{être}
_____ quatre jours à Budapest.
_{partir}
7. C'_____ aussi une très jolie ville !
_{être}

Solutions

Answers

1.2 1.c; 2.e; 3.g; 4.a; 5.i; 6.d; 7.f; 8.h; 9.b

1.3 a) 1.That happens frequently. 2.He's going to be run over. 3.How much is five and two? b) 1.Il fait très froid. 2.Cela ne fait rien. 3.Elle fait du ski.

1.4 a)1.c; 2.h; 3.a; 4.b; 5.f; 6.e; 7.d; 8.i; 9.g; b) 1.b; 2.e; 3.d; 4.a; 5.c

1.5 1.se dépêcher 2.fleurs 3.aujourd'hui 4.verte 5.chaussures

1.6 a) la radio, la télévision, l'ordinateur multimédia, le livre b) 1.v; 2.v; 3.f; 4.v

1.7 1.d; 2.a; 3.c; 4.b

1.8 1.la mer, la plage, faire de la voile, se baigner 2.le métro, les grands magasins, les musées, les théâtres 3.faire du ski, neiger, les sports d'hiver, les montagnes

1.9 a) 1.trouver 2.acheter 3.recevoir 4.éteindre 5.descendre 6.ouvrir 7.s'en aller 8.commencer b) 1.Ce verre est plein. 2.Ce guide est bon marché. 3.Ce chien est vieux. 4.La cuillère est propre. 5.La place est occupée. c) 1.c; 2.d; 3.a; 4.b

1.10 a) 1.d; 2.c; 3.b; 4.a; b) 1.arriver 2.habiter 3.téléphoner 4.entrer 5.répondre 6.s'informer c)1.le voyageur, le voyage, voyager 2.le travail, travailler, le travailleur 3.la journée, le journaliste, le journal

1.11 1.célèbre 2.là-bas 3.le tabac 4.le paquet 5.le billet 6.le pourboire 7.le carnet 8.le restaurant 9.la publicité 10.le chapeau 11.le syndicat 12.l'argent 13.c'est 14.urgent 15.la douche 16.la mairie 17.quoi 18.hier

1.12 a) 1.le crayon 2.le slip 3.le bras 4.la librairie 5.la plume 6.le journal
b) 1.sensible 2.sensée 3.blesée

2.1 le corps humain: 1.la tête 2.la dent 3.la gorge 4.le bras 5.la main 6.la jambe 7.le pied, les boissons: le café, la bière, le jus de pomme, le vin rouge, le thé, l'eau minérale, l'alcool, le rosé, les animaux: le poulet, le chat, le poisson, l'oiseau, le chien

2.2 a)1.lundi: Le lundi, il va à la piscine. 2.mardi: Le mardi, il va au cinéma. 3.mercredi: Le mercredi, il va au café. 4.jeudi: Le jeudi, il va au musée. 5.vendredi: Le vendredi, il va au restaurant. 6.samedi: Le samedi, il va à la campagne.
b)1.le matin 2.l'après-midi 3.le midi 4.le soir 5.la nuit

2.3 a)1.juin 2.novembre 3.juillet 4.janvier 5.septembre 6.octobre 7.février 8.mai 9.mars 10.décembre 11.avril 12.août
b)1.en automne 2.en hiver 3.au printemps 4.en été

2.4 **Problem 1** Answer: seize

a	q	u	a	t	o	r	z	e	o	t	r	o	i	s	a
t	o	n	z	e	u	d	i	x	–	h	u	i	t	d	s
t	g	v	i	n	g	t	j	z	é	r	o	q	u	q	e
r	c	i	n	q	x	q	u	a	t	r	e	z	e	u	p
e	m	n	w	s	h	x	d	o	u	z	e	a	p	i	t
i	d	e	c	i	u	d	i	x	–	n	e	u	f	n	e
z	i	u	b	x	i	k	d	d	e	u	x	ö	t	z	u
e	x	f	m	q	t	d	i	x	–	s	e	p	t	e	n

106

Problem 2 33 b; 44 h; 55 a; 66 c; 77 i; 88 d; 99 e; 222 f; 555 g; 666 j

2.5   **a)** 1.jour de l'An 2.fête nationale 3.Noël
     b) 1.le premier novembre 2.le vingt et un septembre 3.le premier mai 4.le dix avril

2.6   1.c; 2.f; 3.h; 4.b; 5.d; 6.e; 7.a; 8.g

2.7   1.d; 2.a; 3.e; 4.c; 5.f; 6.b

2.8   **a)** 1.a; c; d; g; h; i; l; 2.b; e; f; j; k;
     b) 1.b; 2.d; 3.a; 4.c

2.9   1.s'en aller 2.arriver 3.revenir 4.fermer 5.se lever 6.s'asseoir 7.monter 8.descendre 9.ouvrir 10.tomber 11.entrer 12.sortir

2.10   1.savent 2.peut 3.pouvez 4.sait 5.savez 6.peuvent

2.11   1.c; 2.a; 3.d; 4.b; 5.f; 6.g; 7.e

3.1   **a)** 1.Il s'appelle Philippe. 2.Il est né à Genève. 3.Non, il est Suisse. 4.Il est pharmacien. 5.Il habite à Strasbourg.
     b) Müller, Corinne, Strasbourg, Française, Strasbourg

3.2   **a)** 1.Espagne 2.France 3.Allemagne 4.Autriche 5.Suisse 6.Italie
     b) 1.Espagnol, Espagnole 2.Allemand, Allemande 3.Italien, Italienne 4.Français, Française 5.Autrichien, Autrichienne 6.Anglais, Anglaise 7.Belge, Belge

3.3   **a)** 1.la secrétaire 2.la technicienne 3.le vendeur 4.la femme au foyer 5.le guide 6.le médecin
     b) 1.i; 2.f; 3.b; 4.g; 5.c; 6.h; 7.e; 8.d; 9.a

3.4   **a)** 1.Marcel 2.Sophie 3.Louis 4.Corinne 5.Pierre 6.Patricia 7.André 8.Pauline 9.Philippe 10.Maryse
     b) 1.v; 2.v; 3.v; 4.f; 5.f; 6.v; 7,v;
     c) 1.le cousin 2.la mère 3.l'oncle 4.le grand-père 5.la cousine 6.la fille
     d) 1.e; 2.c; 3.a; 4.f; 5.b; 6.d

3.5   **a)** 1.gros 2.petit et mince 3.grand et fort
     b) 1.aimables 2.derniers 3.jaune 4.rosé
     c) 1.b; 2.d; 3.f; 4.c; 5.a; 6.e

3.6   1.la fenêtre 2.la salle de bains 3.la douche 4.le lit 5.la chambre 6.les toilettes 7.le salon 8.la salle à manger 9.la table 10.la chaise 11.la cuisine 12.la porte 13.l'escalier

3.7   **a)** 1.un peu 2.beaucoup 3.passionnément 4.à la folie 5.pas du tout
     b) 1,+; 2,-; 3.-; 4.-; 5.+; 6.+; 7.-; 8.-; 9.+

3.8   **a)** 1.réunions 2.piscine 3.musée 4.cartes 5.livre 6.cuisine 7.théâtre 8.jardin
     b) 1.b; 2.a, b; 3.b, c; 4.a, c

3.9   **a)** 1.la planche à voile 2.le tennis 3.le football 4.le vélo 5.la randonnée 6.le ski
     b) 1.d; 2.a; 3.f; 4.b; 5.c; 6.e

3.10   1.le champ 2.la montagne 3.la forêt 4.le camping 5.le lac 6.l'industrie 7.la route 8.le port 9.la ville 10.la rivière 11.la plage 12.la mer

3.11   **a)** 1.VELO 2.AVION 3.VOITURE 4.BATEAU 5.AUTOBUS 6.TRAIN 7.MOTO 8.METRO
     b) 1.rendu 2.tombée 3.grève 4.direction 5.en 6.circulation 7.kilomètres

3.12   1.a, b; 2.b; 3.c; 4.b, c; 5.a, c; 6.a, b; 7.a,b

3.13   **a)** 1.c; 2.g; 3.a; 4.b; 5.h; 6.i; 7.d; 8.f; 9.e; 10.m; 11.l; 12.k; 13.j;
     b) 1.le télécopieur 2.le portable 3.le répondeur

3.14   1.les fleurs 2.les fruits 3.le pain 4.la boucherie 5.les vêtements 6.le rayon boissons 7.le savon 8.l'eau minérale

3.15   **a)** 1.les œufs sur le plat, le sandwich au pâté, le croque-monsieur 2.le steak garni, le gratin aux légumes, le coq au vin
     b) a, e, b, c, d

3.16 **a)** 1.la cerise 2.le citron 4.la pomme 5.l'orange 6.le kiwi 8.la poire 9.le raisin 11.la banane 12.la fraise

b) 1.le poulet 2.le poisson 3.le lait 4.les œufs 5.la pomme de terre 6.la farine 7.le riz 8.la viande 9.le beurre

3.17 1.le passeport, les chaussures, l'appareil photo, les vêtements 2.l'eurochèque, les billets de banque, la monnaie, changer de l'argent 3.les renseignements, le plan de la ville, faire une réservation, le dépliant touristique

3.18 **a)** 1.le guichet automatique 2.la monnaie 3.le chèque 4.la carte bancaire 5.la pièce 6.le billet

b) 1.e; 2.c; 3.d; 4.a; 5.b

3.19 1.frais, nuages, accidents 2.froid, degrés 3.pluie 4.beau, soleil 5.vent

3.20 **a)** 1.a; 2.d; 3.f; 4.b; 5.c; 6.e;

b) 1.c; 2.f; 3.a; 4.b; 5.d; 6.e

4.1 1.dernière, dernièrement 2.heureuse, heureusement 3.facile, facilement 4.certaine, certainement 5.autre, autrement 6.longue, longuement 7.grave, gravement 8.douce, doucement 9.simple, simplement 10.pareille, pareillement 11.calme, calmement 12.tranquille, tranquillement

4.2 1.circulation 2.opposition 3.organisation 4.exportation 5.information 6.réclamation

4.3 1.le prof 2.l'employé 3.le boulanger 4.le médecin 5.le photographe 6.l'ouvrier 7.le pharmacien

4.4 1.la fermeture éclair 2.le petit-déjeuner 3.le rez-de-chaussée 4.la glace au chocolat 5.la station-service 6.la ceinture de sécurité 7.le plat principal 8.la salle à manger 9.le hors-d'œuvre 10.l'appareil photo 11.le week-end 12.le chou-fleur

5.1 **a)** 1.mère 2.cheveux 3.célèbre 4.café 5.près 6.église 7.repas 8.derrière 9.demander 10.légère

b) 1.a; d; f; i; j; 2.b; c; e; g, h;

c) Il a un chat dans la gorge.

5.2 1.b; 2.b; 3.b; 4.c; 5.a; 6.b; 7.a; 8.c; 9.a; 10.c

5.3 1.a; 2.g; 3.b; 4.h; 5.f; 6.e; 7.c; 8.d

5.4 1.petit 2.vert 3.tôt 4.sous 5.dessert 6.nuit

6.1 1.a.Tiens, b.tient, c.tenez 2.a.mets, b.mets, c.mettez 3.a.fais, b.faisons, c.fait 4.a.ont, b.a, c.avons. 5.a.prennent, b.prenez, c.prends

6.2 **a)** 1.passé 2.cherche 3.trouve, rendre 4.faire

b) 1.passe 2.chercher, porter 3.téléphones

c) 1.attendu 2.sorti, monté 3.doit 4.porte

6.3 1.b; 2.e; 3.a; 4.f; 5.g; 6.c; 7.h; 8.d

6.4 1.avoir 2.faire 3.prendre 4.être

6.5 1.Il est en pleine forme. 2.Il est en mauvaise santé. 3.Elle a l'air triste. 4.Elle est en bonne santé. 5.Il est de mauvaise humeur. 6.Elle est de bonne humeur.

6.6 **a)** 1.b; 2.a; 3.d; 4.c

b) 1.acheter 2.descendre 3.tourner 4.venir 5.envoyer 6.accompagner

7.1 1.a; 2.c; 3.d; 4.b

7.2 1.Vous vous lavez les mains. 2.Il faut du sel ? 3.J'aime la viande bien cuite.

7.3 va, Salut, bien, prof, suis, célibataire, s'appelle, est, marié, ans, restée, présente, enchanté, aime, danser, verre

7.4 1.a; 2.c; 3.h; 4.f; 5.e; 6.d; 7.g; 8.b

7.5 **a)** 1, 3, 4, 2

b) a, b, c, f, e, d, i, h, g, j

7.6	These don't go with the picture: 1; 3; 5; 6; 9; 10
7.7	menu, entrée, prendre, salade, saignant, boire, vin, dessert, tarte
7.8	The hotel is marked with the letter D.
7.9	1.a; 4.b; 2.c
7.10	a, d, b, c, e
7.11	1.a; 2.g; 3.b; 4.i; 5.j; 6.k; 7.d; 8.h; 9.f; 10.c; 11.e
7.12	**a)** 1.e all comforts and conveniences 2.a costs included 3.d well-equipped kitchen 4.c very good condition 5.f central heat 6.b floor
	b) annonce, libre, visiter, comprises, loyer, caution
7.13	**a)** serveuses, allemand, salaire, références
	b) cherche, parlez, dans, présenter, comment
7.14	1.vrai 2.faux 3.faux 4.vrai 5.vrai 6.vrai 7.vrai
8.1	1.des livres 2.des bouteilles 3.des journaux 4.des assiettes 5.des timbres 6.des verres 7.des cuillères 8.des montres 9.des chapeaux 10.des parapluies
8.2	1.a; 2.c; 3.c; 4.a; 5.b; 6.b; 7.a; 8.c; 9.a; 10.b
8.3	1.b; 2.a; 3.a; 4.a; 5.b; 6.a; 7.b; 8.b
8.4	1.je sers 2.assieds-toi 3.elles conduisent 4.ils écrivent 5.nous faisons 6.j'éteins 7.je vais 8.tu dors 9.vous croyez 10.il tient 11.tu vis 12.nous buvons 13.je dois 14.nous sommes 15.tu viens 16.il sait
8.5	1.partez 2.allons, avons 3.voyagez 4.prenons, louons, voulons, dormons 5.sais, ai, est, vais, pouvez 6.es 7.a, m'occupe, envoyez 8.fais 9.dois
8.6	1.vais travailler 2.vais rentrer 3.vais faire 4.vont revenir 5.va rentrer 6.allons faire 7.vont arriver 8.allons manger 9.vont se coucher 10.vont partir 11.allons nous coucher
8.7	1.est en train, Il est en train de prendre une douche. 2.es en train, Je suis en train de téléphoner. 3.êtes en train, Nous sommes en train de manger. 4.sont en train, Elles sont en train de faire du ski.
8.8	1.avons fait 2.avons préparé, ai écouté, étaient 3.sommes partis 4.avions 5.faisait 6.sommes arrivés, avait 7.ai pris, s'est reposé 8.avons mangé 9.avons vu, arrivaient 10.nous sommes levés, avons marché
8.9	1.à côté du 2.dans 3.sous 4.à gauche du 5.en face du 6.sur 7.entre 8.au bord de 9.à droite du 10.derrière
8.10	**a)** 1.en, en, au, en, au, au 2.aux, en, au, en
	b) 1.pour 2.avec, au 3.chez 4.du, à 5.à la 6.à 7.sans 8.de 9.du 10.de 11.à l' 12.aux
8.11	**a)** du, du, des, des, du, de la, des, des
	b) 1.un morceau 2.une bouteille 3.un kilo et demi 4.300 grammes 5.une tranche 6.deux paquets 7.un sac 8.une boîte
8.12	1.Comment est-ce que tu t'appelles 2.Où est-ce que tu habites 3.Est-ce que tu aimes Limoges 4.Est-ce que tu es professeur d'espagnol 5.Pourquoi est-ce que tu es professeur 6.Est-ce que tu parles anglais et espagnol 7.Est-ce que tu es déjà allé en Angleterre 8.Est-ce que tu connais Manchester 9.Est-ce que tu as visité Oxford
8.13	1.qui; que; qui; que; qui; qui; C'est François Mitterrand. 2.qui; qui; qui; qu'; qui; qu'; C'est Catherine Deneuve.
8.14	**a)** mon livre, ton livre, son livre, notre livre, votre livre, leur livre; ma valise, ta valise, sa valise, notre valise, votre valise, leur valise; mes amis, tes amis, ses amis, nos amis, vos amis, leurs amis.
	b) 1.b; 2.c; 3.a; 4.c; 5.b; 6.a; 7.a; 8.c; 9.b

8.15 1.n' ... plus 2.ne ... pas 3.n'... jamais 4.ne ... personne 5.ne ... rien 6.n'... pas 7.n'... personne 8.n'... rien 9.ne ... plus

8.16 **a)** 1.plus grande que le Liechtenstein. 2.plus petite que Michelle. 3.moins vieux qu'Aline. 4.plus cher que le vin de table. 5.moins rapide que l'avion. 6.plus hautes que les Vosges.

b) 1.les plus heureux 2.les plus connus 3.les mieux payés 4.les plus riches 5.le plus musclé . C'est Arnold Schwarzenegger.

9.1 1.parents 2.sortir 3.réponse 4.erreur 5.répéter 6.repas 7.sain 8.nouveau 9.un 10.nuit 11.tôt 12.temps

9.2 **Problem 1** 1.dent, sent, vent 2.chance, change, chante 3.vingt, vin, enfin 4.font, pont, bon 5.vert, verre, vers 6.voit, voie, voix

Problem 2 a) 1.a 2.ma 3.mai 4.mais 5.amies

b) 1.et 2.été 3.tête

9.3 **a)** chauffage, dommage, fruit, orage, bruit, minuit, courage, ménage, nuit, nuage

b) tenir, servir, vivre, boire, dormir, suivre, mettre, écrire, ouvrir, rendre

9.4

¹T	I	²M	B	R	E	³■	⁴M	A	⁵L	H	E	U	⁶R	E	⁷U	X
I	■	I	⁸E	N	⁹V	O	I	E	■	■	A	■	N	■		
E	■	L	■	¹⁰A	N	■	¹¹D	E	C	I	¹²D	E	¹³S			
¹⁴N	O	I	R	E	¹⁵S	■	¹⁶D	E	■	¹⁷S	U	■	O			
T	■	E	¹⁸T	E	N	¹⁹E	Z	²⁰S	²¹A	V	O	N	I			
■	U	■	²²E	S	■	²³A	■	I	■	²⁴N	E	U	F			

Test 1 1.a, c; 2.a, b; 3.a, c; 4.b, c; 5.a, b; 6.b, c; 7.a, c; 8.b, c; 9.a, c; 10.a, b; 11.b, c; 12.a, c

Test 2 1.b; 2.a; 3.b; 4.a; 5.a; 6.b; 7.b; 8.a; 9.b; 10.b

Test 3 1.b; 2.c; 3.a; 4.b; 5.a; 6.c; 7.b; 8.a; 9.c

Test 4 1.b; 2.a; 3.a; 4.b; 5.a; 6.b; 7.b; 8.a; 9.b

Test 5 **Exercise 1** 1.jaune, orange, vertes, rouges, blanche, bleue 2.grand, petite, vieilles, longue

Exercise 2 1.avons passé 2.avions, étaient 3.nous sommes promenés, avons visité 4.avons vu, sont 5.étaient, étaient 6.allons partir 7.est

Glossaire
Glossary

This glossary contains words from all the chapters, listed in alphabetical order. The words chosen for inclusion here are those that are not likely to be part of a beginner's vocabulary. It is not an exhaustive list; the common, everyday words that students of French see again and again have been omitted.

The French entries are in the left-hand column. In the center column are the locations where the words first occur in this book: 7.6, for example, is Chapter 7, Exercise 6.

Noun gender has been indicated as follows: *m* for masculine, *f* for feminine.

Feminine forms of nouns are indicated following the comma: *acteur, -trice*

Adjectives are listed in the masculine form only.

Abbreviations:

m	masculine
f	feminine
pl	plural
s.th.	something
s.o.	someone
qn	quelqu'un
qc	quelque chose

A

acteur,-trice *m,f*	8.13	actor, actress
adorer	3.1	to adore
adulte *m,f*	1.6	adult
agence *f*	7.12	agency
aimer qn à la folie	3.7	to love s.o. to distraction
Allemagne *f*	3.2	Germany
Allemand,e *m,f*	3.2	German
alsacien,ne	8.8	Alsatian
Anglais,e *m,f*	3.2	Englishman, -woman
Angleterre *f*	3.2	England
annonce *f*	7.12	ad(vertisement)
annulé,e	7.4	canceled
appeler	3.11	to call
apporter	7.7	to bring
Assomption *f*	2.5	Assumption Day
assurance *f* maladie	7.14	health insurance
Autriche *f*	3.2	Austria
Autrichien,ne *m,f*	3.2	Austrian
avoir l'air	3.5	to look

B

bac *m*	6.2	school-leaving certificate
baladeur *m*	3.13	Walkman
bande *f*	3.13	tape
bande *f* dessinée	3.8	comic strip
barbe *f*	3.5	beard
Belge *m,f*	3.2	Belgian
Belgique *f*	3.2	Belgium
beurre *m*	3.16	butter
bien fait	7.5	well ripened
bière *f* pression	3.15	draft beer
bise *f*	7.2	kiss
boisson *f*	2.1	beverage
boîte *f*	8.11	(tin) can
bonheur *m*	2.6	happiness
bouché,e	7.11	clogged

boulanger,-ère *m,f*	4.3	baker
branche *f*	1.12	branch
bricolage *m*	3.8	doing odds and ends
bureau *m*	1.12	desk

C

cabinet *m* médical	3.3	doctor's office
Canada *m*	8.5	Canada
carafe *f*	7.7	carafe
carrefour *m*	7.8	crossroads
carte *f* bancaire	3.18	bank card
carte *f* bleue	3.18	Visa card
carte *f* d'assuré	7.14	insurance card
carte *f* de crédit	3.18	credit card
casse-croûte *m*	8.8	snack
caution *f*	7.12	deposit
cave *f*	7.2	wine cellar
CD-Rom *m*	3.13	CD-ROM
ceinture *f* de sécurité	4.4	safety belt
célibataire	3.4	single
cerise *f*	3.16	cherry
certains,-aines	1.6	some
champignon *m*	8.11	mushroom
chanter	9.2	to sing
chapeau *m*	7.6	hat
charcuterie *f*	7.5	pork-butcher's shop
charges *fpl*	7.9	costs
charges comprises	7.12	costs included
chauffage *m*	9.3	heating
chauffage *m* collectif	7.12	central heat
chauve	3.5	bald
chef *m*	3.8	chef, head cook
chic	7.6	chic
chocolat *m*	4.4	chocolate
chou *m*	3.16	cabbage
choucroute *f*	8.8	sauerkraut
chou-fleur *m*	4.4	cauliflower
citron *m*	3.16	lemon
clavier *m*	3.13	keyboard

client,e *m,f*	7.5	client, customer
clown *m*	Test 5	clown
collectif,-ive	7.12	collective
coller	7.14	to glue
commission *f*	3.18	commission, fee
compartiment *m*	7.4	compartment
condoléances *fpl*	2.6	sympathy
confort *m*	7.12	comfort
connaissance *f*	7.13	knowledge
consultation *f*	7.14	consultation
corps *m* humain	2.1	human body
costume *m*	7.6	suit
court *m* de tennis	3.9	tennis court
cousin,e *m,f*	3.4	cousin
cravate *f*	7.6	tie
crème *f* au caramel	7.7	caramel custard
crêpe *f*	6.6	pancake
croque-monsieur *m*	3.15	*sandwich of ham and cheese, grilled and served hot*
cuisine *f* équipée	7.12	well-equipped kitchen
cuisinier,-ère *m,f*	3.3	cook

D

d'autre part	1.6	on the other hand
Danemark *m*	8.10	Denmark
danser	7.3	to dance
de moins en moins	1.6	less and less
découverte *f*	1.6	discovery
désagréable	7.14	unpleasant
désirer	3.15	to wish
devoir qc à qn	7.5	to owe s.o. s.th
disco(thèque) *f*	3.8	disco
disquette *f*	3.13	diskette
divorcé,e	3.4	divorced
domicile *m*	3.1	residence
dune *f*	9.4	dune

E

EDF f	7.1	French Electric Company
élégant,e	7.6	elegant
en effet	7.14	indeed
encore	2.7	again
entrée f	7.7	first course
époux,-se m,f	3.1	husband, wife
Espagne f	3.2	Spain
Espagnol,e m,f	3.2	Spaniard
état m	7.12	state
Etats-Unis mpl	8.10	United States
étonné,e	1.6	astonished
être de bonne humeur	6.5	to be in a good mood
être de mauvaise humeur	6.5	to be in a bad mood
être en bonne santé	6.5	to be healthy
être en mauvaise santé	6.5	to be ill
être en pleine forme	6.5	to be in top shape
étroit,e	7.6	narrow, tight
études fpl	6.4	studies
évolution f	1.6	evolution
exposition f	1.12	exhibition, show

F

faire de la photo	3.8	to do photography
faire de la voile	1.8	to sail
faire des études	6.4	to study
faire du bricolage	3.8	to do odds and ends
faire du théâtre	6.4	to be an actor
faire: s'en faire	3.7	to worry
faire une bise	7.2	to give a kiss
farine f	3.16	flour
fax m	3.13	fax
femme f au foyer	3.3	housewife
fermeture f éclair	4.4	zipper
fête f de la Bière	2.3	Oktoberfest
fête f du Travail	2.5	Labor Day

fête f nationale	2.5	national holiday
feuille de soins f	7.14	medical record card
feuilleton m	1.12	television series
fiche f	7.10	form
folie f	3.7	madness
forme f	6.5	shape
fort,e	3.5	strong
fraise f	3.16	strawberry

G

grand-mère f	3.4	grandmother
grand-père m	3.4	grandfather
grillé,e	7.7	grilled
guichet m automatique	3.18	automated teller machine (ATM)

H

haricots mpl	7.7	beans
Hollande f	8.10	Holland
homme m d'affaires	8.16	businessman
humeur f	6.5	mood, humor

I

imprimante f	3.13	printer
infirmier,-ère m,f	3.3	nurse
informaticien,ne m,f	3.1	IT professional
information f	7.9	information
ingénieur m, femme ingénieur f	4.3	engineer
installer: s'installer	1.6	to move in
intrus m	1.11	intruder
Italie f	3.2	Italy
Italien,ne m,f	3.2	Italian

J

Japon m	8.10	Japan
jour m de l'An	2.5	New Year's Day

joyeux,-euse	2.6	happy
juste	7.5	right

K

kiwi *m*	3.16	kiwi fruit

L

littéraire	1.6	literary
littérature *f*	8.13	literature
location *f*	7.9	rental
loisirs *mpl*	3.8	spare time
lourd	3.19	muggy
loyer *m*	7.12	rent

M

malheureux,-euse	3.7	unhappy
manche *f*	7.6	sleeve
marcher	7.11	to work
Mardi gras *m*	2.5	Shrove Tuesday
marier: se marier avec qn	2.6	to marry s.o.
médecin *m*, femme médecin *f*	3.3	physician
médias *fpl*	1.6	media
médical,e	3.3	medical
mère *f* célibataire	3.4	single mother
message *m*	3.13	message
messagerie *f* électronique	3.13	electronic mailbox
météo *f*	3.19	weather report
mince	3.5	slender
mi-temps *m*	7.13	half-time work
mon vieux *m*	7.1	my dear *m*
monde *m*	8.13	world
monnaie *f*	3.18	coins, small change
monsieur-dame	7.10	abbreviated form of *monsieur et madame*
mort,e	8.13	dead
moto *f*	3.11	motorbike

mourir	2.6	to die
musclé,e	8.16	muscular

N

natation *f*	3.9	swimming
nature *f*	7.9	nature
neveu *m*	3.4	nephew
nièce *f*	3.4	niece
Noël *m*	2.5	Christmas
nombreux, -euse	7.9	numerous
non-fumeur, -euse *m,f*	7.4	nonsmoker
note *f*	7.11	bill, check
nouvelles *fpl*	8.8	news

O

œuf *m* sur le plat	3.15	fried egg
offre *f*	7.9	offer
olive *f*	6.6	olive
oncle *m*	3.4	uncle
ordinateur *m*	1.6	computer
ordonnance *f*	7.14	prescription
oscar *m*	8.13	Oscar

P

Pâques *m*	2.3	Easter
partout	3.13	everywhere
passer le bac	6.2	to take the school-leaving exam
passionnément	3.7	passionately
pâté *m*	3.15	pâté
patient,e *m,f*	7.14	patient
pêche *f*	7.9	fishing
Pentecôte *f*	2.5	Pentecost
pharmacien,ne *m,f*	3.1	pharmacist
photographe *m*	4.3	photographer
pichet *m*	7.7	small pitcher (for wine)
pièce *f*	3.18	coin
planche *f* à voile	3.9	windsurfing
plat *m* principal	4.4	main dish
plateau *m*	7.7	tray

poire *f*	3.16	pear
pomme *f*	3.16	apple
portable *m*	3.13	cellular telephone; laptop
porte-monnaie *m*	7.14	coin purse
poulet *m*	3.16	chicken
prendre place	7.1	to sit down
présenter: se présenter	7.13	to introduce oneself
président, e *m, f*	8.13	president
prof *m,f*	3.3	teacher

Q

queue *f*	7.5	(waiting) line

R

radis *m*	3.16	radish
raisin *m*	3.16	grape
randonnée *f*	2.10	hiking
rayon *m*	3.14	(sales) department
réception *f*	7.2	reception
rembourser	7.14	to reimburse
remplir	7.10	to fill out
rendre visite à qn	1.12	to visit s.o.
répondeur *m*	3.13	answering machine
république *f*	8.13	republic
réservation *f*	3.17	reservation
responsable	1.6	responsible
riz *m*	3.16	rice
rond-point *m*	7.8	traffic circle
rose *f*	1.5	rose
roux,-sse	3.5	red-haired

S

saison *f*	7.7	season
salade *f* niçoise	6.6	*salad with tomatoes, olives, etc.*
salon *m* de coiffure	3.3	hairdressing salon
sans plomb	1.7	lead-free

sécurité *f*	4.4	safety
séparé,e	3.4	separated
serveur,-euse *m,f*	7.13	waiter, waitress
signature *f*	3.1	signature
sincère	2.6	sincere
société *f*	7.1	company
soupe *f*	7.7	soup
souris *f*	3.13	mouse
stade *m*	3.9	stadium
Suisse *f*	3.2	Switzerland
superbe	8.8	splendid
surf *m*	7.9	surfing
surprise *f*	7.1	surprise
suspect,e *m,f*	6.2	suspect

T

taille *f*	3.1	size
tante *f*	3.4	aunt
tarte *f*	7.7	tart
technicien,ne *m,f*	3.3	technician
télécopieur *m*	3.13	fax machine
terrasse *f*	1.7	terrace
titulaire *m,f*	3.1	bearer
tour *f*	3.12	tower
Toussaint *f*	2.5	All Saints' Day
tout confort	7.12	all comforts and conveniences
toutefois	1.6	nevertheless
tranche *f*	7.5	slice
trilingue	7.13	trilingual
truite *f*	7.7	trout
tulipe *f*	1.5	tulip

U

usine *f*	3.3	factory

V

V.T.T. *m*	3.9	mountain bike
vendeur,-euse *m,f*	3.3	salesman, -woman
venir chercher qn	7.2	to pick s.o. up

verglas *m*	3.19	glare ice (slippery road)
veste *f*	7.6	short jacket
vidéo *f*	3.8	video
vignette *f*	7.14	label *(on medications)*
visite *f* guidée	7.2	guided tour
vœu *m*	2.6	wish
vœux *mpl*	2.6	wishes
vol *m*	7.4	flight
voyageur,-euse *m,f*	1.10	traveler

W

| week-end *m* | 4.4 | weekend |

3 Foreign Language Series From Barron's!

The **VERB SERIES** offers more than 300 of the most frequently used verbs.
The **GRAMMAR SERIES** provides complete coverage of the elements of grammar.
The **VOCABULARY SERIES** offers more than 3500 words and phrases with their foreign language translations. Each book: paperback.

FRENCH GRAMMAR
ISBN: 0-7641-1351-8
$5.95, Can. $8.50

GERMAN GRAMMAR
ISBN: 0-8120-4296-4
$6.95, Can. $8.95

ITALIAN GRAMMAR
ISBN: 0-8120-4311-1
$6.95, Can. $8.95

JAPANESE GRAMMAR
ISBN: 0-8120-4643-9
$6.95, Can. $8.95

SPANISH GRAMMAR
ISBN: 0-7641-1615-0
$5.95, Can. $8.50

RUSSIAN GRAMMAR
ISBN: 0-8120-4902-0
$6.95, Can. $8.95

FRENCH VERBS
ISBN: 0-7641-1356-9
$5.95, Can. $8.50

GERMAN VERBS
ISBN: 0-8120-4310-3
$6.95, Can. $9.50

ITALIAN VERBS
ISBN: 0-8120-4313-8
$5.95, Can. $7.95

JAPANESE VERBS
ISBN: 0-8120-4525-4
$5.95, Can. $7.95

SPANISH VERBS
ISBN: 0-7641-1357-7
$5.95, Can. $8.50

FRENCH VOCABULARY
ISBN: 0-8120-4496-7
$6.95, Can. $9.95

GERMAN VOCABULARY
ISBN: 0-8120-4497-5
$6.95, Can. $8.95

ITALIAN VOCABULARY
ISBN: 0-8120-4471-1
$6.95, Can. $8.95

JAPANESE VOCABULARY
ISBN: 0-8120-4743-5
$6.95, Can. $8.95

SPANISH VOCABULARY
ISBN: 0-8120-4498-3
$6.95, Can. $8.95

RUSSIAN VOCABULARY
ISBN: 0-8120-1554-1
$6.95, Can. $8.95

Barron's Educational Series, Inc.
250 Wireless Blvd., Hauppauge, NY 11788 • Call toll-free: 1-800-645-3476
In Canada: Georgetown Book Warehouse
34 Armstrong Ave., Georgetown, Ontario L7G 4R9 • Call toll-free: 1-800-247-7160
www.barronseduc.com

Can. $ = Canadian dollars

Books may be purchased at your bookstore or by mail from Barron's. Enclose check or money order for total amount plus sales tax where applicable and 18% for postage and handling (minimum charge $5.95 U.S. and Canada). Prices subject to change without notice. New York residents, please add sales tax to total after postage and handling. (#26) R 11/00

NOW YOU'RE TALKING SERIES
Will Have You Talking In No Time!

Barron's presents easy, convenient, and inexpensive language kits designed for busy travelers, tourists, and students. Each package contains: a 90-minute cassette on which a native narrator helps listeners master colloquial phrases and business-related terms; an audioscript that guarantees proper pronunciation through phonetics; and a pocket-sized dictionary that includes over 1,500 popular expressions and 2,000 key words. Color maps, travel tips plus food and shopping guides make these lightweight packages terrific companions!

ARABIC IN NO TIME
ISBN: 0-7641-7359-69, $16.95, Can.$23.95

CHINESE IN NO TIME
ISBN: 0-7641-7361-8, $16.95, Can.$23.50

FRENCH IN NO TIME
ISBN: 0-7641-7355-3, $14.95, Can.$21.00

GERMAN IN NO TIME
ISBN: 0-7641-7354-5, $14.95, Can.$21.00

ITALIAN IN NO TIME
ISBN: 0-7641-7356-1, $14.95, Can.$21.00

JAPANESE IN NO TIME
ISBN: 0-7641-7165-8, $15.95, Can.$21.00

RUSSIAN IN NO TIME
ISBN: 0-7641-7362-6, $16.95, Can.$23.95

SPANISH IN NO TIME
ISBN: 0-7641-7358-8, $14.95, Can.$21.00

Books may be purchased at your bookstore, or by mail from Barron's. Enclose check or money order for total amount plus sales tax where applicable and 18% for postage and handling (minimum charge $5.95).

Barron's Educational Series, Inc.
250 Wireless Blvd.
Hauppauge, NY 11788
Call toll-free: 1-800-645-3476

IN CANADA:
Georgetown Book Warehouse
34 Armstrong Avenue
Georgetown, Ontario L7G 4R9
Call toll-free: 1-800-247-7160

(#36) R11/00

Visit our website at: www.barronseduc.com